essentials

essentials liefern aktuelles Wissen in konzentrierter Form. Die Essenz dessen, worauf es als „State-of-the-Art" in der gegenwärtigen Fachdiskussion oder in der Praxis ankommt. *essentials* informieren schnell, unkompliziert und verständlich

- als Einführung in ein aktuelles Thema aus Ihrem Fachgebiet
- als Einstieg in ein für Sie noch unbekanntes Themenfeld
- als Einblick, um zum Thema mitreden zu können

Die Bücher in elektronischer und gedruckter Form bringen das Expertenwissen von Springer-Fachautoren kompakt zur Darstellung. Sie sind besonders für die Nutzung als eBook auf Tablet-PCs, eBook-Readern und Smartphones geeignet. *essentials:* Wissensbausteine aus den Wirtschafts-, Sozial- und Geisteswissenschaften, aus Technik und Naturwissenschaften sowie aus Medizin, Psychologie und Gesundheitsberufen. Von renommierten Autoren aller Springer-Verlagsmarken.

Weitere Bände in der Reihe http://www.springer.com/series/13088

Stephanie Neumann

Wertschätzende Kommunikation mit Spenderinnen und Spendern

Gewinnung und Bindung von Unterstützerinnen und Unterstützern durch empathische Gespräche

 Springer VS

Stephanie Neumann
Berlin, Deutschland

ISSN 2197-6708   ISSN 2197-6716   (electronic)
essentials
ISBN 978-3-658-29535-6   ISBN 978-3-658-29536-3   (eBook)
https://doi.org/10.1007/978-3-658-29536-3

Die Deutsche Nationalbibliothek verzeichnet diese Publikation in der Deutschen Nationalbibliografie; detaillierte bibliografische Daten sind im Internet über http://dnb.d-nb.de abrufbar.

Planung/Lektorat: Barbara Emig-Roller
Springer VS ist ein Imprint der eingetragenen Gesellschaft Springer Fachmedien Wiesbaden GmbH und ist ein Teil von Springer Nature.
Die Anschrift der Gesellschaft ist: Abraham-Lincoln-Str. 46, 65189 Wiesbaden, Germany

Was Sie in diesem *essential* finden können

- Gewinnung und Bindung von Spenderinnen und Spendern im umkämpften deutschen Spendenmarkt
- Konkrete Anleitung zur wertschätzenden Kommunikation für Mitarbeiterinnen und Mitarbeitern von spendensammelnden Organisationen mit Unterstützerinnen und Unterstützern
- Friedliche Konfliktlösung im Beschwerdemanagement
- Wie finde ich eine wertschätzende und professionelle Haltung in herausfordernden Gesprächssituationen

Inhaltsverzeichnis

Über die Autorin

©Hoffotografen

Dr. Stephanie Neumann wurde an der Humboldt-Universität zu Berlin im Fach Afrikawissenschaften promoviert und hat sich an der Fundraising Akademie zur Fundraising Managerin ausbilden lassen. Viele Jahre verantwortete sie das Direktmarketing des Bund für Umwelt und Naturschutz Deutschland e. V.. Heute baut sie für die Diakonie Deutschland das Fundraising auf und gibt Seminare zum Thema Fundraising und Kommunikation. Sie ist Mitglied im Beirat des Deutschen Fundraising Verbandes.

Einleitung 1

„Wo finde ich neue Spenderinnen?" Diese Frage beschäftigt alle Organisationen, die ich kenne, schon seit vielen Jahren. Es wird sehr viel Geld investiert, um Menschen zu finden, die bereit sind, die Organisation zu unterstützen – möglichst dauerhaft. Doch der Erfolg lässt bisher auf sich warten. Vielmehr scheint das Gegenteil einzutreten. Glaubt man dem Deutschen Spendenrat, hat sich seit 2005 die Summe der Spenderinnen in Deutschland nahezu halbiert (Anton 2019; Deutscher Spendenrat 2019).

Angesichts der anhaltenden guten Wirtschaftslage mag dies erstaunen. Geld ist in Deutschland gewiss vorhanden. Den Organisationen ist es aber anscheinend nicht gelungen, die Menschen für sich zu gewinnen. Das ist beunruhigend, denn wenn dies so weitergeht, dann ist es nur eine Frage der Zeit, bis die spendensammelnden Organisationen weniger Mittel zur Verfügung haben und in der Folge Projekte einstellen müssen. Im Moment wird der Rückgang der Spenderinnen noch durch eine steigende Durchschnittsspende ausgeglichen. Es ist jedoch nur einer Frage der Zeit, bis die Spendensumme insgesamt zurückgehen wird.

Die Zahlen in Deutschland sind zurzeit noch stabil. Die jüngste Berechnung des Deutschen Fundraising Verbandes kommt auf über 12 Mrd. EUR Spenden im Jahr von Privatpersonen mit einem deutlichen Potenzial nach oben (Abb. 1.1). Diese Einschätzung wird vom Deutschen Institut für Wirtschaftsforschung (2020) gestützt, die von gut 10 Milliarden Euro Spenden ausgehen, wohingegen das Statistische Bundesamt (2019) nur auf etwa die Hälfte dieser Summe kommt.

Die spendensammelnden Organisationen sind jedoch nicht die einzigen, die Unterstützerinnen und Mitglieder verlieren. Allein die beiden Volksparteien haben seit der Wiedervereinigung ihre Mitgliederzahlen nahezu halbiert (fowid 2019) und auch der Kirche laufen ihre Gläubigen weg – allein im Jahr 2018 waren dies gut 430.000 Menschen (Kirchenaustritt 2019). Diesen Prozess haben

© Springer Fachmedien Wiesbaden GmbH, ein Teil von Springer Nature 2020   1
S. Neumann, *Wertschätzende Kommunikation mit Spenderinnen und Spendern*,
essentials, https://doi.org/10.1007/978-3-658-29536-3_1

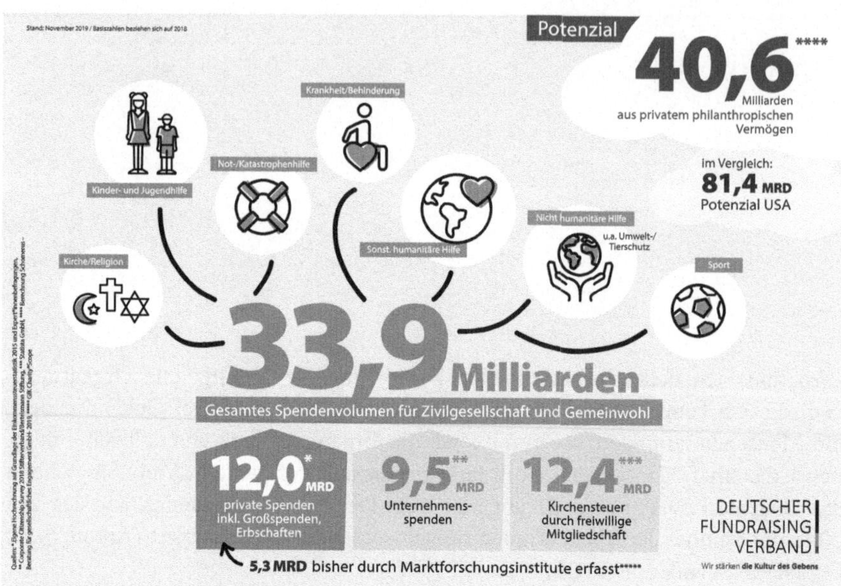

Abb. 1.1 Informationsgrafik Spendenvolumen des Deutschen Fundraising Verbandes, Stand November 2019. (Quelle: https://www.dfrv.de/wp-content/uploads/2019/11/DFRV-grafik-spendenvolumen-jaehrlich_11-19.pdf)

Gutmann et al. (Gutmann et al. 2019) sehr beeindruckend untersucht und zeigen wie Mitgliedermanagement in der Kirche aussehen könnte.

Spendensammelnde Organisationen befinden sich also in guter Gesellschaft, wenn sie sich fragen, wie Mitgliederbindung und die Gewinnung von neuen Unterstützerinnen funktionieren kann. Die Zahlen zeigen auch, dass es in Deutschland eine große Gruppe von Menschen gibt, die sich durchaus für Politik oder christlich-soziale Fragen interessieren könnte. Das ist die Chance der spendensammelnden Organisationen. Finden Sie, liebe Leserinnen und Leser, heraus, was diese Menschen brauchen und machen Sie ihnen ein Angebot.

Ein Baustein im großen Räderwerk des Fundraising ist die direkte Kommunikation mit den Spenderinnen. Die Zeiten, in denen Organisationen für ihre Unterstützerinnen nicht erreichbar waren, weil sie keine Lust hatten, sich um deren Fragen und Bitten zu kümmern und ein Beschwerdemanagement nicht rentabel erschien, sind vorbei. Es hat sich gezeigt, dass sich Bindung lohnt und man bei Gesprächen mit den Menschen, die die Arbeit einer Organisation durch ihren finanziellen Einsatz erst möglich machen, jede Menge erfahren kann.

Gespräche führen will jedoch gelernt sein. Nicht jede Person eignet sich dafür, mit Spenderinnen zu sprechen. Der Leiter eines Call-Centers für Non-Profit sagte mir einmal, dass er niemanden mehr einstellt, der oder die schon im Bereich Profit telefoniert hat: „Die kann man im gemeinnützigen Bereich nicht mehr einsetzen." Im Fundraising geht es darum, das Herz der Menschen zu erreichen, also braucht es hier eine besondere Portion Empathie.

Diese Erkenntnis hat mich vor Jahren in einen Kurs zu Gewaltfreier Kommunikation (GFK) in die Volkshochschule geführt, dem später viele weitere Trainings folgen sollten. Ich kannte die GFK aus meiner Promotion zum Thema Gewalt und Erinnerung. Hier hatte ich von Friedensgruppen gelesen, denen es gelingt, verfeindete Gruppen wieder an einen Tisch zu bringen. Es ging um Zuhören. Ich hoffte, hier sowohl etwas für die Kommunikation mit den Spenderinnen als auch für die Zusammenarbeit mit meinen Kolleginnen zu lernen. Arbeitszusammenhänge in helfenden Berufen und Hilfsorganisationen können sehr toxisch sein, da die Mitarbeiterinnen ihre Bedürfnisse angesichts des Elends, um das sie sich kümmern, leicht aus den Augen verlieren. Das wiederum hat Einfluss auf die Kommunikation nach innen und außen (Fetscher 2019; Kaschel 2019).

Ich saß nun also in dem VHS-Kurs und lernte, dass es ausreicht, wenn ich den Menschen einfach nur zuhörte. Reines Zuhören, ohne zu bewerten, zu verurteilen, zu analysieren und vor allem ohne Ratschläge zu erteilen, würde vollkommen ausreichen. Für mich waren das sehr gute Nachrichten. Ich fühlte mich erleichtert, denn in Elternhaus, Schule, Universität und auch im Berufsleben war ich gewohnt für Analysen, Diagnosen, schnelle Urteilsgabe und Ratschläge belohnt zu werden. Das war sehr anstrengend und zuweilen auch wirklich unangenehm, da ich nicht zu allem eine Meinung hatte und viele Dinge auch einfach nicht verstand. Zuhören musste ich trotzdem erst lernen.

Doch der Reihe nach: Die GFK wurde von dem amerikanischen Psychologen Marshall B. Rosenberg in den 1960er Jahren entwickelt. Es geht um bewusstes und respektvolles Zuhören und darum, sich ehrlich und klar auszudrücken. Diese Haltung kann man sich selbst und anderen Menschen gegenüber einnehmen. Die GFK geht davon aus, dass jeder und jede für alles, was er oder sie tut und sagt, sehr gute Gründe hat. Im Austausch zwischen Menschen ist es wichtig zu verstehen, was genau diese Gründe sind. Auf diese Weise entsteht Empathie und Verständnis, sodass grundlegende und tief greifende Verständigung über Grenzen hinweg möglich wird.

Die GFK ist ein einfaches Handlungskonzept das für jede Situation vier Dinge abfragt: Was ist die Beobachtung, das Gefühl, das Bedürfnis und die Bitte?

Die Fragen sind einfach, aber es ist nicht leicht, sie anzuwenden. Wie beim Tanzen braucht es Übung. Wenn es Ihnen nicht zusagt, dann nutzen Sie es nicht.

Vor allem ist es keine Anleitung dafür, nur noch mit anderen empathisch zu sein und sich selbst aus dem Blick zu verlieren. Vor dieser Falle möchte ich ausdrücklich warnen. Wenn ein Spender oder eine Kollegin Ihnen mehr erzählen möchte, als Ihnen lieb ist, dann beenden Sie das Gespräch. Mithilfe der GFK können Sie lernen, Worte zu finden, sodass danach eine weitere Beziehung möglich ist – wenn Sie dies wünschen. Bewahren Sie sich ihre Wehrhaftigkeit, auch wenn Sie sehen, aus welchem Grund Ihr Gegenüber zum Beispiel ein „Nein" von Ihnen nicht hören kann. Die GFK kann Ihnen dabei helfen, Situationen neu zu betrachten.

In dem vorliegenden *essential* habe ich versucht, die Theorie der Gewaltfreien Kommunikation auf die Kommunikation mit Spenderinnen zu übertragen. Inspiriert hat mich dazu eine Episode in Gabriele Seils Interview mit Marshall Rosenberg (Seils 2012, S. 138–139). Hier beschreibt Rosenberg, wie er zusammen mit seinem Kollegen Al Chapalle Stiftungsmittel für ein Anti-Rassismus-Projekt eingeworben hat. Zu Rosenbergs allergrößtem Erstaunen hat Chapalle dabei GFK angewandt und den Stiftungspräsidenten gefragt, was er für seine Entscheidung noch braucht – anstatt ihn mit Informationen über das Projekt einzudecken. Wie sich herausstellte war dies eine überaus erfolgreiche Methode, die fester Bestandteil der Mittelakquise für ihre Arbeit wurde.

Neben den Büchern von Marshall Rosenberg und Gabriele Seils habe ich mich für das vorliegende *essential* an den Publikationen von Beate Brüggemeier, Gabriele Lindemann, Vera Heim, Irmtraud Kauschat und Birgit Schulze orientiert. Ihre Veröffentlichungen sind mir eine große Hilfe und Ermutigung – sowohl im Alltag als auch für meine Arbeit als Fundraiserin und Seminarleiterin. Ich verwende inzwischen lieber den Begriff „Wertschätzende Kommunikation". Im beruflichen Umfeld habe ich damit gute Erfahrungen gemacht. Ich brauchte einfach weniger zu erklären. Daher werde ich auch hier eher von „Wertschätzender" als von „Gewaltfreier" Kommunikation sprechen. Der Einfachheit halber habe ich mich außerdem dazu entschieden, im Text stets die weibliche Form zu verwenden. Ich meine damit alle Menschen. Falls ich mit dieser Entscheidung jemandem zu Nahe trete, dann bedaure ich das schon jetzt.

Falls Sie keine Lust haben zu Lesen, dann schauen Sie einfach den wunderbaren Film von Pete Docter „Alles steht Kopf" (Docter 2015). Hier erfahren Sie, aus welchem Grund Gefühle wirklich wichtig sind – alle Gefühle!

Wertschätzende Kommunikation – Wie geht das?

2

„Natürlich bringe ich meinen Spenderinnen die größtmögliche Wertschätzung entgegen!" Das würde gewiss jede Fundraiserin sagen. Doch was genau bedeutet Wertschätzung? Welche Möglichkeiten habe ich, wenn eine Spenderin anruft und wütend verlangt, dass sie nie wieder Mailings mit Aufklebern bekommt, und ich genau weiß, dass ich dieser Bitte nicht nachkommen kann?

Ein Blick in die friedliche Konfliktlösung hilft weiter. Hier wird deutlich, wie Kommunikation wirken kann und welche Bedeutung eine empathische Verbindung zwischen Menschen hat. Darüber hinaus werden ganz konkrete Handlungsoptionen vorgeschlagen, die dazu beitragen, angespannte Situationen zu befrieden. In den 1960er Jahren entwickelte der amerikanische Psychologe Marshall B. Rosenberg das Handlungskonzept der „Gewaltfreien Kommunikation" (GFK). Ziel ist, zum Kern von Kommunikation zurückzufinden, nämlich eine Verbindung zwischen Menschen zu schaffen. Es geht in einem Gespräch also nicht darum, mein Gegenüber von etwas zu überzeugen, sondern eine kooperierende, empathische Beziehung zu entwickeln. Doch wie gelingt der Ausstieg aus dem gelernten Muster Freund – Feind?

Bleiben wir bei der Spenderin, die keine Post mit Aufklebern erhalten möchte:

Spenderin: „Guten Tag. Sie schicken mir immer solche Bettelbriefe mit Aufklebern. Die Aufkleber brauche ich nicht. Außerdem kostet das doch alles. Ich möchte, dass mein Geld bei den Menschen ankommt und nicht für solchen Müll ausgegeben wird. Dafür werden doch Bäume gefällt."

Wie kann ich als Fundraiserin reagieren? Ich möchte die Spenderin nicht verlieren und ich weiß zugleich, dass es nicht möglich ist, die Aufkleber aus den Mailings zu entfernen. Was tue ich? Die GFK bietet dafür eine denkbar einfache Anleitung:

© Springer Fachmedien Wiesbaden GmbH, ein Teil von Springer Nature 2020
S. Neumann, *Wertschätzende Kommunikation mit Spenderinnen und Spendern*,
essentials, https://doi.org/10.1007/978-3-658-29536-3_2

1. In einem ersten Schritt wird beleuchtet, was in einer Situation passiert ist: Zahlen, Daten, Fakten. Interpretation, Bewertung und Analyse werden erst einmal zurückgestellt.
2. Wenn klar ist, was die Beobachtung ist, geht es in einem zweiten Schritt darum, die Gefühle der Beteiligten zu hören.
3. Da Gefühle ausgelöst werden, so die Grundannahme der GFK, wenn Bedürfnisse erfüllt oder unerfüllt sind, ist der dritte Schritt, diese Bedürfnisse zu benennen.
4. In einem vierten Schritt wird eine konkrete Bitte formuliert.

Oftmals scheitert Verständigung zwischen Menschen schon an der Beobachtung. Wer hat was gesehen? Außerdem braucht es Übung, Beobachtung und Bewertung voneinander zu trennen. Da Menschen in der Regel darüber hinaus nicht geübt sind, ihre Gefühle und Bedürfnisse zu benennen, kann es kompliziert werden: „Satt? Satt kenn ick nich. Entweder ick hab Hunger oder mir is schlecht." Schließlich dann konkret um etwas zu bitten, macht die Sache nicht einfacher. Hier braucht es insgesamt also eine gehörige Portion Geduld.

Diese vier Schritte sind ein Prozess, der zunächst innerlich abläuft, um über das eigene Befinden Klarheit zu erhalten. Erst dann kann ich mich empathisch meinem Gegenüber zuwenden und mir überlegen, was diese wohl in der Situation beobachtet und gefühlt und welches Bedürfnis sie sich mit ihren Taten oder Worten vielleicht erfüllt hat. Ziel ist dabei immer, den Menschen im Menschen zu sehen. „Die GFK hilft uns, mit uns selbst und mit unseren Mitmenschen so in Kontakt zu kommen, dass sich unser natürliches Einfühlungsvermögen wieder entfalten kann." (Rosenberg 2016, S. 25) Dabei ist es wichtig, alle Bewertungen, Interpretationen und Analysen erst einmal zurückzustellen.

Bevor ich also versuche herauszufinden, was die Spenderin genau bewegt, ist es hilfreich zu überlegen, was mit mir ist. Bin ich nach einem langen Arbeitstag erschöpft? Denke ich bei dem Wort Bettelbrief, dass ich als Fundraiserin in meiner Berufsehre abgewertet werde? Habe ich die Spenderin schon gleich als „Ökofaschistin" verurteilt und ihr obendrein noch unterstellt, dass sie ja sowieso keine Ahnung hat. Wenn ich also erschöpft bin, mich in meinem Beruf nicht wertgeschätzt sehe und die Anruferin schon jetzt meine Feindin ist, dann verläuft das folgende Gespräch voraussichtlich nicht sonderlich friedlich.

Durch die vier Schritte kann ich wieder Bodenhaftung gewinnen und zurück zu meiner Professionalität als Fundraiserin finden:

Beobachtung (Fundraiserin):

Eine Frau ruft an und sagt „Guten Tag. Sie schicken mir immer solche Bettelbriefe mit Aufklebern. Die Aufkleber brauche ich nicht. Außerdem kostet das doch alles. Ich möchte, dass mein Geld bei den Menschen ankommt und nicht für solchen Müll ausgegeben wird. Dafür werden doch Bäume gefällt."

Gefühl (Fundraiserin):
Ich bin müde und erschöpft. Ich bin auch wütend und genervt.
Bedürfnis (Fundraiserin):
Ich brauche Ruhe und Anerkennung.
Bitte (Fundraiserin):
Noch dieses Gespräch und dann gehe ich um den Block. Sobald ich merke, dass das Gespräch in eine mir unangenehme Richtung läuft, bitte ich die Spenderin, sie zurückrufen zu dürfen.

Dies alles ist ein innerer Prozess, der binnen weniger Sekunden abläuft. Häufig trägt er dazu bei, dass ein Gespräch friedlich verlaufen kann. Wenn ich also verstehe, dass ich dringend Ruhe brauche, und mir klar geworden ist, dass ich dabei war, eine mir völlig fremde Frau aufgrund meiner Interpretation eines ihrer Sätze zu verurteilen, dann habe ich die Kontrolle über mein Handeln wiedererlangt. Ich kann also im Folgenden selber entscheiden, wie ich mich verhalte. Mir ist es wichtig, die Organisation angemessen nach außen zu vertreten. Verurteilung, Belehrung oder gar Anbrüllen von Spenderinnen gehören nicht dazu. (Nicht alle halten sich an diese Regel: Ich habe schon erlebt, dass lautstarke Auseinandersetzungen mit Spenderinnen an der Tagesordnung waren).

Im Modell der Wertschätzenden Kommunikation wird davon ausgegangen, dass erst wenn ich mir selber Empathie gegeben habe, ich auch auf mein Gegenüber zugehen kann. „Wir können uns mit anderen Menschen nur dann verständigen, wenn wir uns selbst verstehen", so Beate Brüggemeier (Brüggemeier 2017, S. 71). Wenn es mir also nicht gelingt zu bemerken, dass die Spenderin in meinen Gedanken für mich nach drei Sätzen zur Feindin geworden ist, dann wird das Gespräch scheitern. Vielleicht wird sogar Schaden für die Organisation entstehen. „Sie dürfen nicht alles glauben, was Sie denken", so Heinz Erhardt. Leichter gesagt, als getan: Nach drei Stunden am Telefon, möglichst noch im Weihnachtsgeschäft, liegen die Nerven blank. Wichtig ist zu bemerken, wenn Sie eine Pause brauchen oder auch einfach keine Kraft mehr haben. Holen Sie sich Hilfe, wenn Sie welche brauchen. Manchmal ist das ein Gespräch mit einer Kollegin, fragen Sie, ob es in Ihrem Unternehmen einen Coach gibt, zu dem Sie gehen können oder rufen Sie einfach bei der Telefonseelsorge an. Das bringt oft schon die nötige Klarheit.

Sprechen Sie also nur mit den Spenderinnen, wenn Sie sich dazu auch wirklich in der Lage fühlen. Wenn Sie sich dafür entschieden haben, dann hören Sie sehr genau zu, was die Spenderinnen erzählen. Aus welchem Grund unterstützen sie die Organisation? Wenn ich das weiß, kann ich auf ihre Wünsche eingehen – oder es zeigt sich, dass wir nicht die richtige Organisation für sie sind. Der Spenderin, die angesichts von Aufklebern im Mailing wütend ist, höre ich zu und versuche zu verstehen, was sie bewegt. Erst wenn sie bereit ist, mir zuzuhören – und das sollte ich direkt fragen – erkläre ich ihr, aus welchem Grund wir Incentives beilegen. Es geht in diesem Prozess darum, sich in die Lage des anderen zu versetzen. Die Spenderin braucht keine Ratschläge oder Belehrungen und noch nicht einmal eine Lösung für ihr Anliegen. Allein dass sie gehört wird, reicht aus.

Schritt für Schritt bedeutet dies, dass Sie nach den Gefühlen und Bedürfnissen der Spenderin forschen. Wichtig ist, dass Sie dafür Worte wählen, die für Sie selber und auch für die Situation angemessen sind. Welche Worte Sie wählen, um die Gefühle und Bedürfnisse Ihrer Gesprächspartnerin herauszubekommen, bleibt Ihnen überlassen.

Wählen Sie eine Sprache, die sich für Sie gut anfühlt, hier ein Vorschlag

Spenderin: „Guten Tag. Sie schicken mir immer solche Bettelbriefe mit Aufklebern. Die Aufkleber brauche ich nicht. Außerdem kostet das doch alles. Ich möchte, dass mein Geld bei den Menschen ankommt und nicht für solchen Müll ausgegeben wird. Dafür werden doch Bäume gefällt."

Fundraiserin: „Verstehe ich Sie richtig, Sie haben einen Brief von uns bekommen und sind irritiert vielleicht auch wütend, da wir Ihnen mit unseren Spendenbriefen auch Adressetiketten schicken?"

Spenderin: „Ja."

Fundraiserin: „Sie sind wütend, da Ihnen die Natur am Herzen liegt. Das Verschicken von Adressetiketten ist in Ihren Augen nicht nachhaltig."

Spenderin: „Ja, genau. An wie viele Menschen schicken Sie das eigentlich? Da müssen doch Unsummen zusammen kommen. Da wird ja ein ganzer Wald für abgeholzt. Rechnet sich das überhaupt alles? All diese Briefe?"

Fundraiserin: „Sie möchten wissen, ob sich das alles rechnet? Nachhaltigkeit ist für Sie wirklich wichtig. Stimmt doch – oder? In jeder Hinsicht, sowohl was den Umgang mit Ressourcen angeht als auch in Bezug auf die finanzielle Effektivität. Ja?"

Spenderin: „Ja."

Fundraiserin: „Gerne würde ich Ihnen erklären, wie hier bei uns die Abläufe sind und aus welchem Grund wir Adressaufkleber verschicken. Möchten Sie das hören?"

Spenderin: „Ja."
Fundraiserin: „Ich hole jetzt etwas aus. Das ist doch in Ordnung?"
Spenderin: „Ja."

Die Fundraiserin erklärt nun die Abläufe: Datenbank, Selektion, Themenfindung, Planung der Incentives usw.. Sehr selten habe ich erlebt, dass Menschen, wenn sie einmal die Abläufe verstehen, noch verärgert waren oder gar darauf bestanden haben, dass aus ihren Briefen die Adressaufkleber entfernt werden. „Ich wußte ja gar nicht, dass das so ein komplexer Ablauf ist!", oder: „Das kostet ja mehr, wenn Sie für mich eine Extraversion machen. Das will ich nicht." So oder so ähnlich waren die meisten Reaktionen.

Es gelingt nicht immer, das Gegenüber zu erreichen. Gespräche scheitern. Manchmal ist es es gut, wenn man früh scheitert, das spart Zeit und Energie. Beenden Sie Gespräche, wenn es für Sie unangenehm wird. Sprechen Sie es aus. Zum Beispiel: „Ich weiß jetzt nicht mehr weiter. Daher würde ich das Gespräch mit Ihnen gerne beenden", oder: „Was kann ich noch für Sie tun? Ich denke, dass wir hier nicht mehr zueinander finden. Ich bedauere, Ihnen nicht helfen zu können." Bitte haben Sie im Kopf, dass es Menschen gibt, die bei öffentlich zugänglichen Telefonnummern anrufen, weil Sie sonst niemanden zum Sprechen haben oder auch sehr einsam, deprimiert oder gar psychisch krank sind. Eine spendensammelnde Organisation ist jedoch keine Telefonseelsorge und Sie haben auch keine therapeutische Ausbildung.

Wenn Gespräche mit der Haltung der wertschätzenden Kommunikation geführt werden, dann geschieht das auch zum Schutz des Zuhörenden. Wenn Sie in einer Situation, die Ihnen Unbehagen bereitet, verstehen, was in diesem Moment Ihr eigenes unerfülltes Bedürfnis ist, dann können Sie bei sich selber bleiben. Vielleicht brauchen Sie einfach nur Frieden oder Schutz und bemerken, dass Sie keine Kraft mehr haben für ein weiteres Gespräch am Telefon. Sie müssen keinesfalls auf alles reagieren, was Ihnen begegnet – oder wie es eine kluge Kollegin einmal ausdrückte: „Man muss nicht jedes stinkende Paket auffangen, was angeflogen kommt." Entscheiden Sie sich, auf was Sie reagieren wollen. Ein kurzes Innehalten kann Ihnen dabei helfen, bewusst eine Reaktion zu wählen. Erinnern Sie sich immer daran: Sie sind kein hypnotisiertes Kaninchen!

Es kommt vor, dass bei Ihnen Menschen anrufen, die Kontakt wollen, und die einzige Strategie die sie dafür kennen, ist Streit und Auseinandersetzung. Sie würden nicht auf die Idee kommen, bei Ihrer Organisation anzurufen und sich für die tolle Arbeit zu bedanken. Nein. Sie rufen an, um sich zu beschweren, dass im Spendenbrief drei Rechtschreibfehler waren. Auf diese Weise erfüllen sie sich ihr Bedürfnis nach Kontakt mit anderen Menschen.

Bleiben wir bei dem Spender, der anruft, um Ihnen zu sagen, dass im Mailing drei Rechtschreibfehler sind und obendrein der Otter, den Sie abgebildet haben, ein Nutria ist (für den interessierten Laien sehen die gleich aus, nur der eine hat richtig gelbe Zähne). Bevor Sie mit dem Mann eine Diskussion anfangen, überlegen Sie sich, was wohl dessen Beobachtung, Gefühl, Bedürfnis und vielleicht auch Bitte sein könnten.

Beobachtung (Spender):	Im Mailing sind drei Rechtschreibfehler und das als Otter bezeichnete Tier ist ein Nutria.
Gefühl (Spender):	Vielleicht ist er genervt, frustriert oder niedergeschlagen.
Bedürfnis (Spender):	Er fühlt das, was er fühlt, weil ihm Ordnung, Sinnhaftigkeit oder Qualität wichtig sind. Vielleicht möchte er aber auch einfach mal mit jemandem sprechen. Er wünscht sich Kontakt.
Bitte (Spender):	Lassen Sie das nächste Mailing bitte besser Korrektur lesen. Bitte sprechen Sie mit mir.

Dies alles sind Annahmen, die Sie als Zuhörerin haben. Diese Annahmen müssen nicht wahr sein. Sie helfen Ihnen, auf ihr Gegenüber einzugehen und auch in widrigen Situationen, den Mensch im Menschen zu sehen. Zugleich ist dieser Prozess ein Schutz für Sie selber.

Lassen Sie das, was andere sagen, bei den anderen und hören Sie, was vielleicht deren Gefühle und Bedürfnisse sein könnten. Dabei ist es wichtig zu unterscheiden zwischen Beobachtung und Bewertung, Gefühl und Schuldzuweisung („Ich fühle mich von Dir eingeengt" ist in diesem Sinne eine Schuldzuweisung), Bedürfnis und Strategie (Schlaf wäre eine Strategie, um sich das Bedürfnis nach Ruhe zu erfüllen) sowie die Unterscheidung zwischen Bitte und Forderung. Äußern Sie eine Bitte, dann ist ein Nein eine mögliche Antwort. Ziel dieses Prozesses ist, weder seine Wehrhaftigkeit einzubüßen, noch von allen geliebt zu werden. Ziel ist, Klarheit zu schaffen und sich ehrlich auszudrücken. Dann kann Verbindung zwischen Menschen gelingen.

> **Die vier Komponenten der Gewaltfreien Kommunikation (GFK)**
> 1. Beobachtung
> 2. Gefühle
> 3. Bedürfnisse
> 4. Bitte

> **Schlüsselunterscheidungen**
> 1. Beobachtung ≠ Bewertung
> 2. Gefühle ≠ Schuldzuweisung
> 3. Bedürfnis ≠ Strategie
> 4. Bitte ≠ Forderung

Hier finden Sie eine Auswahl von Gefühlen und Bedürfnissen. Vervollständigen Sie diese bitte nach Ihren Wünschen. Diese Listen sind sehr flexibel und ob Sie etwas als ein Gefühl oder Bedürfnis definieren, hängt von Ihren Erfahrungen ab. Daher hier nur ein unvollständiger Vorschlag. In jedem Fall ist es hilfreich, in Gesprächen oder in der Vorbereitung von Gesprächen einen Blick auf diese oder andere Listen mit Gefühlen und Bedürfnissen zu werfen. Die Listen mit Gefühlen und Bedürfnissen hilft Ihnen Klarheit zu bekommen. „Unser Repertoire an Schimpfwörtern ist oft umfangreicher als der Wortschatz, mit dem wir unseren Gefühlszustand klar beschreiben können", so Rosenberg (Rosenberg 2016, S. 48). Also holen Sie sich Hilfe.

Gefühle, wenn Bedürfnisse erfüllt sind

angeregt	glücklich
aufgedreht	gerührt
ausgeglichen	heiter
befreit	hoffnungsvoll
begeistert	inspiriert
belebt	klar
berührt	kraftvoll
berührt	lebendig
beruhigt	leicht
bewegt	motiviert
dankbar	munter
engagiert	mutig
enthusiastisch	neugierig
entschlossen	optimistisch
entspannt	ruhig
erfreut	selbstsicher
erfüllt	sicher
erleichtert	unbeschwert

fasziniert   vergnügt
friedlich   wach
fröhlich   zufrieden
gelassen   zuversichtlich

Gefühle, wenn Bedürfnisse nicht erfüllt sind

ängstlich   hilflos
ärgerlich   irritiert
alarmiert   müde
angespannt   mutlos
ausgelaugt   nervös
bedrückt   traurig
beklommen   sauer
besorgt   schlapp
bestürzt   schockiert
deprimiert   sorgenvoll
durcheinander   unglücklich
einsam   unter Druck
elend   ungehaglich
empört   ungeduldig
enttäuscht   unruhig
erschöpft   unwohl
erschüttert   unzufrieden
frustriert   verzweifelt
gelähmt   wütend
gelangweilt   zornig

Überlegen Sie bitte auch, ob das, was Sie ausdrücken, ein echtes Gefühl oder vielleicht doch eine Schuldzuweisung ist. Unterscheiden Sie Gefühle und Gedanken bzw. Schuldzuweisungen. „Ich habe das Gefühl, Du beutest mich aus." Dies ist ein Gedanke mit einer Interpretation und Schuldzuweisung. Gewiss fühlt der Sprecher etwas. Vielleicht: „Ich bin erschöpft und wünsche mir Deine Unterstützung." Nur weil in einem Satz „ich habe das Gefühl, dass" vorkommt, bedeutet es nicht, dass auch ein Gefühl ausgedrückt wird.

Nicht-Gefühle (Pseudo-Gefühle)

angegriffen	niedergemacht
benutzt	übergangen
beschämt	unterdrückt
eingeengt	verlassen

   missverstanden

Liste mit Bedürfnissen

Abenteuer	Menschlichkeit
Abwechslung	Nähe
Anerkennung	Ordnung
Aufrichtigkeit	Originalität
Beteiligung	Phantasie
Beweglichkeit	Sauberkeit
Bildung	Selbstvertrauen
Effektivität	Selbstverwirklichung
Freiheit	Sensibilität
Freundschaft	Sinn
Freundlichkeit	Spontaneität
Frieden	Stärke
Geborgenheit	Treue
Gelassenheit	Unabhängigkeit
Glaube	Verantwortung
Güte	Veränderung
Harmonie	Verbindlichkeit
Hilfsbereitschaft	Vernunft
Individualität	Verständigung
Integrität	Vielfalt
Klarheit	Wachstum
Kreativität	Wärme
Leichtigkeit	Wahrheit
Lebensfreude	Zärtlichkeit
	Zugehörigkeit

Was Sie in diesem Kapitel gelernt haben

Die vier Schritte der Gewaltfreien Kommunikation sind: Beobachtung, Gefühl, Bedürfnis und Bitte. Sie haben gesehen, wie Sie diese vier Schritte für sich selbst und für das Gegenüber anwenden können. Dies ist sowohl als innerer, also stiller Prozess möglich, als auch im Gespräch. Ziel ist es stets den Menschen im Menschen zu sehen und im Blick zu behalten, dass mit allem was Menschen machen oder sagen, sie sich ein Bedürfnis erfüllen. Gefühle sind Signale, die Sie durchs Leben leiten. Sie sind Ihr Schutz und Ihre Richtschnur.

„Der Wille der Spender*innen steht über allem!" Ein Satz, der mir schon viele interessante Diskussionen eingebracht und mich oft staunend und zuweilen auch befremdet zurückgelassen hat. Ich verstehe den Satz als eine umgangssprachliche Beschreibung von Regeln, die angewendet werden, wenn einer bestimmten Organisation zweckfrei oder zweckgebunden gespendet wird. Eine Spenderin möchte vielleicht einen Auwald an der Elbe wieder aufforsten oder Kinder im Kongo medizinisch versorgen. Da es aber ineffizient oder unmöglich ist, dass sie dies selber macht, wendet sie sich an Menschen, denen sie das zutraut. Eben eine Organisation mit entsprechenden satzungsgemäßen Zielen und Expertise. Die Rolle der Organisation ist daher, die Mittel die sie von den Spenderinnen erhält, treuhänderisch und in deren Sinne zu verwenden und zeitnah einzusetzen.

Als ich in einem Seminar erklärte, dass die Organisation in den bestehenden Strukturen nur existiert, da es Menschen gibt, die für die satzungsgemäßen Ziele Geld geben und es daher aus meiner Sicht Sinn macht, den Spenderinnen sehr gut zuzuhören, sprang eine Teilnehmerin vom Stuhl hoch und sagte mit Nachdruck: „Wir sind keine sch*** ‚Donor-Driven-Organisation'." Meine Entgegnung, dass sie ja ohne das Geld der Spenderinnen hier gar nicht sitzen würde, war da wenig hilfreich. Es folgte ein Schlagabtausch der die Stimmung im Seminar vergiftete. Nur mühsam gelang es mir, die vertrauensvolle Atmosphäre wieder herzustellen. Für den Rest des Seminars war ich sehr verunsichert und vermutete hinter jeder Äußerung einen Angriff auf die Profession Fundraising. Dabei hatte ich der Kollegin weder zugehört, noch mir die Mühe gemacht zu verstehen, was sie eigentlich ausdrücken wollte.

Die Teilnehmerin, langjährige Mitarbeiterin einer der größten spendensammelnden Organisation Deutschlands, bestand darauf, dass sie sich für die Meinung der Spenderinnen wirklich nicht interessierte. Sie sei unabhängig und ließe

© Springer Fachmedien Wiesbaden GmbH, ein Teil von Springer Nature 2020   15
S. Neumann, *Wertschätzende Kommunikation mit Spenderinnen und Spendern*,
essentials, https://doi.org/10.1007/978-3-658-29536-3_3

sich nicht durch Spenderinnen beeinflussen. Es ist mir nicht gelungen, klar auszudrücken, dass ihre Unabhängigkeit, abgesichert durch die satzungsgemäßen Ziele der Organisation, selbstverständlich ist und ich trotzdem dafür plädiere sich für die Anliegen der Spenderinnen zu interessieren. Denn nur im Gespräch mit den Spenderinnen kann ich herausfinden, ob sie vielleicht eins der Projekte der Organisation mit einer weiteren Summe unterstützen möchten. Es ist mir auch nicht gelungen, deutlich zu machen, dass genau das meine Aufgabe als Fundraiserin ist. Vielmehr habe ich wie ein pawlowscher Hund reagiert und die Kollegin gleich in die Kategorie „moralinsaure Fachkollegin, mit der man nicht zusammenarbeiten kann" einsortiert. Herrlich! Beste Anleitung zum Unglücklichsein.

Als ich später das Gespräch mit ihr suchte, um zu verstehen, was sie eigentlich meinte und was genau sie so wütend gemacht hat, habe ich Erstaunliches erfahren. Meine Forderung, dass alle Mitarbeiterinnen einer Organisation, die von Spenden lebt, Spenderinnen gegenüber eine offene, dialogbereite Haltung einnehmen, war für die Seminarteilnehmerin eine fundamentale Bedrohung. Sie sah sich in ihrer fachlichen Kompetenz beschnitten, da sie bei dem Satz „Der Spenderinnenwille steht über allem" verstanden hat, sie müsse umsetzen, was völlig fachfremde ihr diktieren, weil sie Geld haben und dieses der Organisation geben. Ehrlich gesagt würde dieser Gedanke mir auch Furcht einflößen. Ich bin dankbar, für diese unangenehme Episode, denn ich ich habe etwas gelernt: Von nun an erkläre ich genauer, was ich meine.

Jede Organisation ist an Gesetze, an ihre Ziele und ihre ethischen Grundregeln gebunden, nach denen sie handelt. Respekt und Wertschätzung gegenüber den Spenderinnen bedeutet nicht, all dies aufzugeben. Es bedeutet, sich über seine Geldquelle im Klaren zu sein und vielleicht sogar demütig zu werden. Es kann im Einzelfall auch bedeuten, eine Spende abzulehnen, da die Spenderin aufgrund ihrer politischen Gesinnung nicht zur Organisation passt und die Zweckbindungen „Nur für deutsche Obdachlose" oder „Damit die N**** nicht zu uns kommen" weder existieren noch mit den ethischen Grundregeln der Organisation vereinbar sind oder gegen geltendes Recht verstoßen. Geld abzulehnen ist ein politisches Mittel und kann ein Weg sein, die satzungsgemäßen Ziele der Organisation zu erfüllen (Holtz 2020). Also, hören Sie auch aus diesem Grund Ihren Unterstützerinnen gut zu.

Für eine Organisation ist es sehr hilfreich, wenn sie weiß, warum genau die Menschen sie unterstützen. Geben sie aus Tradition, sind sie betroffen, wollen sie helfen, Teil von etwas sein, Einfluss nehmen oder gibt es einen anderen Grund für ihre Spende? Wenn eine Organisation weiß, warum sie Spenden erhält, dann kann sie ihre Kampagnen danach ausrichten. Doch wenn ein Teil der Kolleginnen einer Organisation die Kommunikation mit Spenderinnen rundheraus ablehnt weil sie sich nicht über die Geldquelle im Klaren sind, Mittelakquise nicht als ihre Aufgabe ansehen oder einfach auch nur nicht geübt haben, über Geld zu sprechen, dann kann das dazu führen, dass eine Organisation weniger Geld bekommt.

Ich habe schon erlebt, dass eine Traueranzeige eines Top-Gebers drei Wochen nicht beantwortet wurde. Als ich den zuständigen Fundraiser fragte, ob das nicht ein Problem sei, den Brief so lange unbeantwortet zu lassen, war die Antwort: „Davon geht die Welt nicht unter!" Stimmt. Die Welt ist davon nicht untergegangen – zumindest nicht die des Fundraisers. Bei mir und vielleicht auch bei der Familie des Hinterbliebenen hat dies jedoch einen bleibenden traurigen Eindruck hinterlassen. Es ist gut möglich, dass der Organisation obendrein Spenden entgangen sind. In jedem Fall ist ein solches Verhalten gewiss kein wertschätzender Umgang und mit den ethischen Anliegen der Organisation nicht zu vereinen. Ähnlich befremdet hat mich die Äußerung einer Kollegin: „Die Spenden, die wir von ‚Name einer Firma' bekommen." Ich wusste erst gar nicht, was sie meinte, denn die Firma, ein Partner der Organisation, hatte nicht gespendet. Als ich nachfragte, wurde mir klar, dass sie die Spenden meint, die in Zusammenarbeit mit dem Dienstleister generiert wurden. Diese Beispiele veranschaulichen aus meiner Sicht die Haltung der Organisationen gegenüber ihren Unterstützerinnen. Sie kommen als Menschen hier gar nicht vor. Langfristig kann ich mir nicht vorstellen, dass dies gut geht. Die Kommunikation einer Organisation richtet sich an Menschen. Das kann allerdings nur gelingen, wenn man diese in den Blick nimmt und sich seiner stets Zielgruppe bewusst ist.

Ist eine Organisation unsicher, warum die Menschen sie unterstützen, ist es hilfreich, die Spenderinnen um Rückmeldung zu bitten. Dafür können Fragebögen verschickt, Telefonate geführt oder die täglich eingehenden Anrufe, E-Mails oder Briefe ausgewertet werden. Die Ergebnisse helfen, die datenbankgestützten Auswertungen von Mailings differenzierter zu beleuchten. Welche Motive standen beispielsweise bei früheren erfolgreichen Kampagnen im Vordergrund und wie kann es gelingen, an diesen Erfolg anzuknüpfen. Durch den Freiwilligensurvey des Bundesfamilienministeriums (bmfsj 2018) wissen wir zum Beispiel, dass Menschen sich über ein Ehrenamt beruflich professionalisieren wollen. Also ist es naheliegend, eine Ehrenamtskampagne genau danach auszurichten.

Eine Spenderinnenbefragung ist aufwendig. Bevor man sich dazu entschließt, ist es gut zu wissen, ob und wie die Erkenntnisse in die Arbeit der Organisation einfließen können. Allein die Auswertung von Fragebögen bindet Kapazitäten, die eingeplant werden wollen. Also: Lohnt sich der Aufwand oder kann ich mich dem Thema „Motive des Gebens" auch einfacher annähern?

In den vergangenen Jahren hat sich eine Reihe von Untersuchungen mit diesem Thema befasst. Die Gründe, aus denen heraus Menschen geben, sind vielfältig. Sicher scheint, dass die Menschen mit dem „Herzen" geben. Also lohnt sich ein Blick auf die Bedürfnisse von Menschen: Menschen brauchen Sicherheit, Nähe, Nahrung, ein Heim, Wertschätzung und die Möglichkeit, sich zu Verwirklichen. Sie wünschen sich das nicht nur für sich selbst, sondern auch für andere. Aus diesem Grund sind Menschen bereit zu helfen.

Michaela Jacobson und Prof. Dr. Christoph Melchers von der Business School (Berlin/Potsdam) wollten es genau wissen. Sie haben mit Spenderinnen unterschiedlicher Organisationen eine qualitative Befragung nach ihren Motiven des Gebens durchgeführt und auf dem Fundraising Kongress 2015 davon berichtet (Neumann 2018). Diese Untersuchung hat gezeigt, dass das Spenden durch einen unmittelbaren und praktischen Appell ausgelöst wird, der die Spenderinnen denken lässt: „Ich sollte etwas tun!" Gleichzeitig möchten die Spenderinnen aber, dass ihr eigenes Leben so bleibt, wie es ist. In dieses Spannungsfeld aus widersprüchlichen Motiven kommt die Spende als Lösung: Sie gestattet es der Spenderin, das eigene Leben wie gewohnt fortzuführen, und dennoch dem Hilfsappell nachzukommen.

Für die Planung von Kampagnen bedeutet dies, dass die Darstellung der Arbeit einer Organisation in den Mittelpunkt gerückt werden sollte. Das bietet den Spenderinnen die nötige Selbstvergewisserung: Sie haben mit ihrer Spende eine konkrete Aktion unterstützt und etwas in ihrem Sinne bewegen. Für die Bindung der Spenderinnen an die Organisation ist es wichtig, stets vom Fortgang der Projekte zu berichten. Es ist die stete Versicherung, dass die Spende richtig und wirksam war. Berichten Sie über Erfolge und versuchen Sie nicht zu verschleiern, wenn etwas nicht geklappt hat. Transparenz fördert in jeder Hinsicht Ihre Glaubwürdigkeit.

Haben Sie dabei das Ziel einer Kampagne genau im Blick. Wollen Sie Spenden generieren oder möchten Sie aufklären? Beides zu kombinieren, ist schwierig. Aus der Untersuchung von Jacobson/Melchers wissen wir, dass Menschen helfen wollen, aber sie wollen eher nicht ihr Leben verändern. Eine Tierrechtsorganisation hat daher das Fundraising von ihrer Aufklärungsarbeit abgekoppelt. Wenn Sie mit Hilfe von Virtual Reality Brillen auf das Leid in Massentierhaltung aufmerksam machen, dann bitten sie danach nicht um eine Spende. „Wir wollen die Leute aufrütteln. Wenn die jetzt hier spenden, dann sind sie erleichtert, denken sie haben was Gutes getan und biegen gleich um die nächste Ecke, um sich eine Curry-Pommes zu kaufen."

Anders bei einem Mailing, das das Ziel hat, Mittel für den Kampf gegen Massentierhaltung zu generieren. Wenn Sie hier versuchen, den Spenderinnen klar zu machen, dass auch sie möglicher Weise mit ihrem Kaufverhalten dieses Leid verursachen, dann werden die Spenderinnen vielleicht ihr Verhalten überdenken. Spenden werden sie nicht. Machen Sie ihnen klar, dass Sie mit einer Spende das Elend der Tiere beenden können. Zeigen Sie, mit welchen Maßnahmen Sie das planen und wie Ihre Unterstützerinnen Ihnen dabei helfen können. (Spenderinnen möchten nicht beschimpft werden).

Verstehen Sie die Rückmeldungen Ihrer Spenderinnen als gratis Unternehmensberatung. Wenn Spenderinnen bei Ihnen anrufen und sich über die im Mailing genannten Spendensummen beschweren, dann hören Sie zu, auch wenn es Ihnen komisch vorkommt, denn Sie hatten die Spenderinnen ja nach Ihrer Durchschnittsspende ausgewählt und dementsprechend die Versionen drucken lassen. Fügen Sie noch einen Satz hinzu, der zeigt, dass jede Spende willkommen ist. Bedenken Sie, dass die, die sich bei Ihnen melden, eine besondere emotionale Beziehung zu Ihnen haben. Wäre Ihre Organisation den Menschen egal, dann würden sie das Mailing wegschmeißen und sich weder weiter ärgern noch jemals wieder für Sie spenden. Die, die sich melden haben ein Interesse an der Organisation. Sie möchten dazu beitragen, die Arbeit der Organisation zu verbessern.

Schauen wir uns also einen solchen Anruf an. Bitte verstehen Sie dies als ein Beispiel. Wenn Sie wertschätzend mit Ihren Spenderinnen sprechen möchten, dann ist es wichtig, dass Sie Worte finden, die für Sie selber passen. Wichtig ist, dass Sie versuchen, die Beobachtung, Gefühle, Bedürfnisse und die Bitte der Spenderin heraushören.

So oder so ähnlich könnte ein Anruf verlaufen

Spenderin: Sie schreiben mir, dass ich 250 € spenden soll. Ist Ihnen klar, wie viel Geld das ist? Darunter machen Sie es nicht – oder was?

Fundraiserin: Ohje, Sie sind wirklich aufgebracht. Oder?

Spenderin: Allerdings. Wie können Sie mir so einen Brief schicken. Ich habe gerade meinen Job verloren. Seit Jahren unterstütze ich Sie – und jetzt das!

Fundraiserin: Ich bin wirklich froh, dass Sie uns unterstützen. Vielen Dank! Danke aber vor allem für Ihren Anruf.

Spenderin: Ja, das geht doch nicht, dass Sie sowas machen.

Fundraiserin: Damit ich das alles besser verstehe. Habe ich das richtig verstanden, Sie haben vergangene Woche einen Brief von uns erhalten.

Spenderin: Ja.

Fundraiserin: In dem Brief sind unten auf der Rückseite Summen für Spenden vorgeschlagen. Das sind 250 €, 370 € und 500 €. Stimmt das?

Spenderin:	Genau. Wie kommen Sie auf diese Summen? Es gibt Leute, da ist 500 € alles was sie im Monat haben. Das können Sie doch so nicht schreiben. Da spendet niemand mehr. Richtig arrogant und weltfremd. Sie verschrecken die Leute.
Fundraiserin:	Als Sie die Summen gelesen haben, haben Sie sich richtig geärgert?
Spenderin:	Allerdings.
Fundraiserin:	Ihnen ist wichtig, dass jeder und jede partizipieren kann und jeder Euro, der gegeben wird wertgeschätzt wird?
Spenderin:	Ja. Leute, die diese angegebenen Summen nicht geben können, fühlen sich schlecht, wenn Sie das lesen.
Fundraiserin:	Wertschätzung und Respekt ist Ihnen wichtig.
Spenderin:	Ja, wenn das für Sie nicht so ist, dann möchte ich nicht mehr Mitglied bei Ihnen sein.
Fundraiserin:	Ich bin echt froh, dass Sie hier anrufen, denn so wie es Ihnen geht, geht es vielleicht noch einer ganzen Reihe unserer Spenderinnen. Gerne würde ich Ihnen erklären, wie es zu diesen Zahlen gekommen ist und ich wäre sehr dankbar, wenn ich gemeinsam mit Ihnen eine Lösung für den nächsten Brief finden würde. Passt das für Sie?
Spenderin:	Ja, sehr gerne.
Fundraiserin:	Gut. Ich hole jetzt etwas aus: Sie können sich ja vorstellen, dass wir Briefe an sehr viele Menschen schicken. Nicht alle bekommen den gleichen Brief. Zum Beispiel unterschieden sich die Briefe in den Vorschlägen für die Spendensumme. Das sind die Summen, über die Sie sich geärgert haben. Wie also kommen wir auf diese Summen? Wir bilden Gruppen, je nachdem wie viel die durchschnittliche Spendensumme der vergangenen 24 Monate war. Es ist der Versuch, den Menschen entgegenzukommen. Es wäre ja komisch, wenn wir jemanden, der durchschnittlich 1000 € gibt plötzlich um 10 € bitten. Der denkt dann vielleicht wir wollen seine 1000 € nicht mehr.
Spenderin:	Verstehe. Aber was ist mit denen, die im Schnitt nur 10 € spenden?
Fundraiserin:	Die werden mit ihrer Durchschnittsspende angeschrieben.
Spenderin:	Warum habe ich dann den Vorschlag bekommen, 250 € zu geben?
Fundraiserin:	Ich sehe in unserer Datenbank, dass Sie in den vergangenen 24 Monaten durchschnittlich 500 € gegeben haben. Daher hat das System Sie einer bestimmten Gruppe zugewiesen, die dann einen bestimmten Spendenvorschlag erhalten hat.

Spenderin:	Verstehe.
Fundraiserin:	Haben Sie dazu noch Fragen?
Spenderin:	Nein. Aber ich schlage vor, dass Sie die Spendensummen in Zukunft einfach weglassen. Dann gibt es auch keine Probleme.
Fundraiserin:	Das kann sein. Aber die Erfahrung zeigt, dass die Menschen einen Vorschlag brauchen. Dann können Sie sich an etwas orientieren. Die wenigsten wissen, wie viel ein Baum, zwei ha Auwald oder ein Gutachten kostet. Daher ist es wichtig, eine Summe zu nennen. Aber eben eine, die nicht abschreckt oder die Menschen dazu bringt weniger zu geben, als sie eigentlich könnten.
Spenderin:	Ist das wirklich so? Die Menschen spenden doch in jedem Fall. Also ich mache das so. Wer braucht Summen oder überhaupt irgendeine Aufforderung Gutes zu tun.
Fundraiserin:	Es ist wie an Weihnachten: Wenn Sie nicht genau sagen, was Sie wollen, dann bekommen Sie es nicht. So ist die Erfahrung – auch in der Kommunikation mit Spenderinnen.
Spenderin:	*Lacht.* OK.
Fundraiserin	Meinen Sie, es würde ausreichen, wenn wir in dem Brief, zusätzlich zu den Summen, betonen, dass wir uns über jede Summe freuen? Jede Spende ist willkommen – oder so ähnlich?
Spenderin:	Ich denke, das würde passen.
Fundraiserin:	Gut. Das versuchen wir. Vielen Dank für Ihre Zeit. Danke, dass Sie sich die Mühe gemacht haben, uns anzurufen. Nur so wissen wir, wie unsere Briefe bei den Menschen ankommen. Ihre Rückmeldung hilft mir sehr

Wenn Sie vor einem Gespräch erschöpft sind, weil Sie schon zehn Telefonate geführt haben, Ihnen die Stimme der Spenderin in den Ohren klingelt oder Sie sich im Moment nicht in der Lage fühlen, ein empathisches oder freundliches Gespräch zu führen, dann bitten Sie die Spenderin, sie in fünf Minuten zurückrufen zu dürfen. Das gibt Ihnen Zeit, sich zu überlegen, was eigentlich mit Ihnen selber los ist. Hier reicht es oft schon, wenn Sie sich fragen: Beobachtung, Gefühl, Bedürfnis, Bitte. Nehmen Sie sich die Zeit. Dann gibt es eine größere Chance, dass das Gespräch für alle Beteiligten angenehm verläuft.

Empathisch sein, Ruhe bewahren und Haltung zeigen sind wichtig und helfen im Leben oft weiter. Allerdings gelingt es nicht immer. Mir sind bei Spenderinnentreffen schon Antisemitinnen, Frauenhasser und ähnliches begegnet. Nicht immer sind mir die passenden Worte eingefallen und nicht immer habe ich richtig reagier. Im Rückblick sind mache Situationen für mich persönlich nicht stimmig abgelaufen. Gute Erfahrungen habe ich gemacht, wenn ich zugehört und dann von mir gesprochen habe.

Ein Teilnehmer beispielsweise hat beim Abendbrot ausführlich von seiner Meinung zu „den Türken" berichtet. Ich habe ihm gesagt, dass mir seine Ausführungen den Atem nehmen, da ein Teil meiner Familie aus der Türkei kommt. Nach kurzem, betretenem Schweigen in der Runde sagte er, die hätte er ja nicht gemeint. Später ist eine Teilnehmerin zu mir gekommen und hat sich bedankt, dass ich Stellung bezogen habe. Es ist mir allerdings nicht leicht gefallen. Ich wusste, dass der Mann ein Top-Geber ist und ich die Organisation zu vertreten habe. Die Situation hatte mich insgesamt sehr verunsichert – auch wenn ich mir der Unterstützung meiner Vorgesetzten gewiss war.

Ähnliches erlebe ich in Seminaren, die ich gebe. Es melden sich Menschen die das N-Wort benutzen oder sich frauenfeindlich verhalten. Inzwischen sage ich stets zu Seminarbeginn, dass ich Hate-Speach nicht dulde und jeden auffordern werde zu gehen, der sich nicht an diese Regel hält. Sprechen ist möglich, aber nicht mit jedem und es ist nicht zu jeder Zeit das angemessene Mittel.

Was Sie in diesem Kapitel gelernt haben:

Sprechen Sie mit Ihren Kolleginnen darüber, welche Haltung sie den Spenderinnen gegenüber einnehmen können und warum! Es ist möglich, sich für die Anliegen der Spenderinnen zu interessieren und zugleich die satzungsgemäßen Ziele der Organisation im Blick zu behalten. Zeigen Sie Demut vor der Geldquelle und wenn eine Spenderin nicht zu Ihnen passt, dann nehmen Sie kein Geld von der Person. Dies ist ein Weg, Ihre Unabhängigkeit zu bewahren. Jede Rückmeldung aus Ihrer Zielgruppe hilft Ihnen, Ihre Arbeit zu verbessern. Die Menschen die sich bei Ihnen melden sind Ihre gratis Unternehmensberater. Bedenken Sie immer: Zuhören ist nicht gleich zustimmen!

„Spenden ist eine Herzensangelegenheit." Dieser Aussage würden wohl viele Menschen zustimmen – Fundraiserinnen und Spenderinnen gleichermaßen. Daher ist es gut zu wissen, was denn genau die Menschen in ihren Herzen bewegt. Welches Bedürfnis erfüllen sie sich, wenn sie für eine Organisation spenden? Wollen sie helfen, gestalten, teilhaben an interessanten Projekten und Bewegungen, Einfluss nehmen, sind sie persönlich Betroffen, suchen sie Bestätigung, Entlastung oder einfach nur materielle Vorteile?

Darüber hinaus ist es für Ihre strategische Planung wichtig zu wissen, dass Geben und Nehmen identitätsstiftend ist. Die Gabe ist immer zurückgebunden an den Gebenden, so Kai Fischer (2015), denn die Wahl der Gabe beeinflusst die Definition einer Beziehung. Spenden strukturieren also soziale Beziehungen. Der somalische Autor Nuruddin Farah hat die moralische und politische Implikation des Gebens in seinem Roman „Gifts" (Farah 1993) für die Entwicklungszusammenarbeit anschaulich herausgearbeitet. Wenn Sie also Texte, Motive und Strategie für Ihre nächste Kampagne wählen, dann haben Sie die Fragen nach Bedürfnissen und Identität mit im Kopf. Es hilft Ihnen dabei, Ihre Zielgruppe konkreter anzusprechen.

Bedürfnisse und Gefühle sind, so Marstall Rosenberg (Seils 2012, S. 15), miteinander verbunden. Wenn Bedürfnisse erfüllt sind, dann hat man angenehme, wenn Sie unerfüllt sind, dann hat man unangenehme Gefühle. Es ist sehr wichtig, diese Gefühle wahrzunehmen, denn sie sind ein „inneres Feedbacksystem", so de Haen und Hardieß (de Haen und Hardieß 2016, S. 40). Sie dienen dazu, Situationen schnell einzuordnen und angemessen zu reagieren. Ihre Gefühle schützen Sie.

Beobachten Sie beispielsweise kleine Kinder beim Essen. Wenn denen etwas nicht schmeckt, dann spucken sie es einfach wieder aus. Ein vielleicht für die Eltern nicht in allen Lebenslagen hilfreiches Verhalten, aber dennoch sehr

© Springer Fachmedien Wiesbaden GmbH, ein Teil von Springer Nature 2020   23
S. Neumann, *Wertschätzende Kommunikation mit Spenderinnen und Spendern,*
essentials, https://doi.org/10.1007/978-3-658-29536-3_4

vernünftig. Ich erinnere mich schmerzhaft daran, wie ich einmal verdorbene Garnelen gegessen habe, obwohl ich noch den Gedanken hatte „komisch, die Garnelen schmecken nach Käse". Ich habe nicht auf mein Gefühl (Ekel) gehört, das mich gewarnt hatte. Ich wollte in meinem Lieblingsrestaurant nicht auffallen. Mein Bedürfnis nach Harmonie und Zugehörigkeit war größer als das, für meine Gesundheit zu sorgen (Selbstfürsorge). Hören Sie also auf Ihre Gefühle oder es ergeht Ihnen wie mir – schon der Gedanke an Garnelen verursacht bei mir bis heute leichte Übelkeit.

Wichtig ist zu unterscheiden zwischen Gefühlen und sogenannten Pseudo-gefühlen. Pseudogefühle sind eher Schuldzuweisungen oder Urteile und es lohnt sich, darauf einen genaueren Blick zu werfen. Sie werden in der Kommunikation mit Spenderinnen Menschen treffen, die Ihrer Organisation alles mögliche zutrauen. Dabei sind oft Pseudogefühle im Spiel. Es ist daher gut zu lernen, damit umzugehen. Es ist ein Weg, den Spenderinnen im Sinne der wertschätzenden Kommunikation zuzuhören, und die Rückmeldung als gratis Unternehmens-beratung für die Organisation zu nutzen.

Schauen wir also auf die Menschen, die zum Glück, sehr kritisch beobachten, was Organisationen mit Spendengeldern machen. Wie können Sie reagieren, wenn eine Spenderin bei Ihnen anruft und sagt: „Ihre Organisation hat einen sechsstelligen Betrag für ein Jubiläum ausgegeben. Was denken Sie sich dabei? Wovon haben Sie das bezahlt? Von meinen Spenden? Wie konnten Sie das tun? Ich fühle mich von Ihnen wirklich hinters Licht geführt." Wenn so etwas eintritt und zu einem Skandal wird, dann gibt es zumeist eine offizielle Stellungnahme des Unternehmens, das alle Mitarbeiterinnen in der Kommunikation nach innen und außen verwenden. Also zum Beispiel: „Die Feier war ein Geschenk unse-res langjährigen Partners xyz.", oder „Der Vorstand zieht die Konsequenzen aus diesem Vorfall und reorganisiert die Geschäftsstelle. Die Weichen dafür sind gestellt." (Hier bitte nur die Wahrheit). Darüber hinaus kann es hilfreich sein, auf die Gefühle und Bedürfnisse der Spenderinnen zu hören. Es schafft eine Ver-bindung zu den Spenderinnen und hilft vielleicht dabei, sie zurückzugewinnen.

Wenn eine Organisation negativ in die Schlagzeilen gerät, dann verliert sie ihr höchstes Gut – ihre Glaubwürdigkeit. Allerdings kann ein Skandal auch reini-gende Kräfte entfalten und dazu führen, dass eine Organisation transparenter wird oder ihre Haltung gegenüber den Mitteln, die sie erhält, grundsätzlich überdenkt. Für Fundraiserinnen ist das eine Chance, ihre Forderungen nach Transparenz und Demut gegenüber der Geldquelle durchzusetzen.

Betrachten wir also den Satz: „Ich fühle mich von Ihnen wirklich hinters Licht geführt." Die Sprecherin hat gewiss ein Gefühl. So wie sie es ausdrückt, ist es jedoch eher eine Schuldzuweisung und vielleicht sogar eine Verurteilung.

Nur weil ein „ich habe das Gefühl, dass" in einem Satz vorkommt, bedeutet dies nicht, dass auch tatsächlich ein Gefühl ausgedrückt wird.

Was also fühlt die Sprecherin? Ist sie traurig, da sie sich Vertrauen und Sicherheit gewünscht hat? Vielleicht ist sie aber auch wütend, da sie Ehrlichkeit und Ordnung erwartet hatte. Möglich ist alles. Ihre Aufgabe, als Fundraiserin ist es, im Gespräch herauszufinden, was genau die Spenderin bewegt. Dem nähern Sie sich, indem Sie der Spenderin Gefühle und Bedürfnisse vorschlagen. Bieten Sie ihr diese so an, als ob sie Ihr Gast sei, dem Sie etwas zum Essen anbieten. Einem Gast würden Sie ja auch nicht zwingen, etwas zu essen nur weil Sie es servieren. Auch wenn die Spenderin mehrfach auf Ihre Vorschläge ein Nein erwidert, freuen Sie sich.

Empathische Gespräche sind kein Wettbewerb bei dem die gewinnt, die die meisten Treffer landet. Ein Nein ist ein Erfolg, denn nun weiß die Spenderin, was sie nicht fühlt. Fangen Sie also bitte nicht an, sich zu verurteilen und sich selbst innerlich als „unempathisch" zu beschimpfen, weil es Ihnen nicht gelungen ist, auf Anhieb die „richtigen" Gefühle und Bedürfnisse der Spenderin zu benennen. Ziel des Gespräches ist, eine Verbindung zu der Spenderin herzustellen. Dann haben Sie vielleicht die Chance, sie als Unterstützerin der Organisation zurückzugewinnen.

Alle Menschen sind mit der Fähigkeit geboren, empathisch zu sein. Im Laufe eines Lebens kann diese Fähigkeit jedoch durch unterschiedliche Erfahrungen verschüttet werden. Gabriele Lindemann und Vera Heim (Lindemann und Heim 2016, S. 39) bringen es auf den Punkt: „Der Fokus, ob etwas richtig oder falsch ist, jemand Schuld ist oder Recht hat, gut oder böse ist, hindert uns daran, die Welt des anderen wirklich zu entdecken." Was also ist die Welt des anderen? Wenn eine Spenderin empört ist über das Verhalten Ihrer Organisation, dann versuchen Sie zu verstehen, was genau ihre Gefühle und Bedürfnisse sind. In dem Fall, da es sich um negative Gefühle handelt, geht es darum, herauszufinden, welche Bedürfnisse nicht erfüllt sind.

Hat Ihre Spenderin in der Zeitung gelesen, dass die Jubiläumsfeier Ihrer Organisation einen sechsstelligen Betrag gekostet hat und Sie finden im Gespräch mit ihr heraus, dass sie wütend ist, da ihr Bedürfnis nach Vertrauen nicht erfüllt wurde, dann haben Sie eine Verbindung zu ihr hergestellt. Bitte behalten Sie im Kopf, dass zuhören nicht zustimmen bedeutet. Es kann gut sein, dass die Nachrichten, die über Ihre Organisation verbreitet werden, gar nicht mit Ihrer Realität übereinstimmen. Sie haben aus Ihrer Sicht keinen sechsstelligen Betrag für Ihr Jubiläum ausgegeben. In dem Moment des Gespräches jedoch geht es nicht um Ihre Sicht der Dinge, sondern darum, der Spenderin zuzuhören und empathisch mit ihr zu sein. Wenn Ihre Spenderin Ihre Wut ausreichend ausgedrückt hat, können Sie sie fragen, ob sie bereit ist, Ihnen zuzuhören. Gerne würden Sie nämlich Ihre Version der Geschichte erzählen oder vielleicht auch Ihr Bedauern über den Vorfall zum Ausdruck bringen. Nun, nachdem der Spenderin ausreichend zugehört wurde, haben Sie eine gute Chance, dass auch sie bereit ist, Ihnen zuzuhören.

Achten Sie bitte dabei stets auf Ihre eigenen Grenzen und Möglichkeiten. Wenn Sie nicht bereit sind, einen weiteren Anruf in diesem Skandal entgegenzunehmen, weil Sie vielleicht erschöpft, genervt oder selber so wütend über Ihren Arbeitgeber sind, dass Sie niemandem mehr Empathie geben können, dann lassen Sie es. Niemandem ist damit geholfen, wenn Sie sich verausgaben und empathische Gespräch gelingen nur, wenn sie echt sind. Ihre Stimmung ist dabei ausschlaggebend. Wenn die Mitarbeiterinnen keine gute Meinung über ihren Arbeitgeber haben, dann entstehen die kuriosesten Dinge.

In einer Organisation gab es zum Beispiel 27 verschiedene Arten der Verabschiedung von Mitgliedern, aber nur eine Version der Begrüßung neuer Mitglieder. (Die bestehenden Mitglieder wurden gar nicht beachtet). Nun könnten man als Fundraiserin annehmen: Wunderbar, hier gibt es für Mitglieder, die die Organisation verlassen wollten, ein sehr ausgefeiltes Rückgewinnungsprogramm. Weit gefehlt. Die Verabschiedung wurde auf jeden Kündigungsgrund abgestimmt und mit großem Verständnis auf alle Kündigungen freundlich reagiert. Zurückgewonnen werden sollte niemand.

Wenn das Verständnis der Mitarbeiterinnen für Kündigungen so groß ist, dann frage ich mich, was ihre Meinung über ihren Arbeitgeber ist. Wollten sie nicht, dass die Menschen der Organisation treu sind? Was hatten sie davon, wenn sie intern Kündigungsquoten und Austrittsgründe präsentieren konnten? War das ein Weg für sie, ihre eigene Unzufriedenheit auszudrücken? Es war ein sehr nervenaufreibendes Unterfangen, diese Verabschiedungssystematik aufzulösen und Begrüßung, Bindung und Rückgewinnung von Mitgliedern mehr in den Mittelpunkt der Kommunikation zu stellen.

Ich erinnere mich, dass ich vor etwa 15 Jahren testweise aus der Gewerkschaft austreten wollte. Sie haben mir am Telefon genau erklärt, wie das geht, nämlich aufgrund irgendwelcher Paragrafen erst in einem halben Jahr. Außerdem wurde mir ein Formular zugeschickt, das ich ausfüllen und zurückschicken sollte. Damals war ich wirklich entsetzt, dass die Frau am Telefon mich nicht zum Bleiben überredet oder gar ihr Bedauern ausgedrückt hat. Rückblickend und vor dem Hintergrund des Handlungskonzeptes der Gewaltfreien Kommunikation sehe ich die Situation mit anderen Augen: Meine Gesprächspartnerin ist ganz genau auf das eingegangen, was ich wollte. Die Interessen ihres Arbeitgebers schienen für sie zweitrangig zu sein. Mir gegenüber wirklich fürsorglich und liebenswert.

Gehen wir nochmals zurück zu den alltäglichen Fragen und Anliegen der Spenderinnen. Hier können Sie wunderbar lernen, Gefühle und Bedürfnisse zu hören – egal wie sich die Sprecherin ausdrückt. Nehmen Sie die nächsten Gespräche, die Sie führen, als Übung. Wenn Sie am Telefon sind, können Sie Listen mit Gefühlen und Bedürfnissen sowie Stift und Zettel bereithalten, um sich Notizen zu machen und den Menschen am Telefon empathisch zuzuhören. Niemand wird Sie fragen, was Sie mit den Listen machen – das hilft.

Während Ihnen also die Anruferin erzählt, dass vor ihrem Haus gerade eine alte Kastanie gefällt wird (Beobachtung) und Sie bittet, sofort zu kommen, um dies zu stoppen (Bitte), überlegen sie welche Gefühle die Frau vielleicht hat und welche Bedürfnisse erfüllt oder unerfüllt sein könnten. Machen Sie ihr ein paar Vorschläge: „Kann es sein, dass Sie verzweifelt sind, da Ihnen die Natur sehr am Herzen liegt?" Empathisch zuhören ist das einzige, was Sie für sie tun können, denn Sie haben keine schnelle Eingreiftruppe, die die Baumfällung verhindern könnte. Machen Sie das der Anruferin klar:

> „Ich habe niemanden, den ich Ihnen schicken kann, und ich bin mir auch nicht sicher, was wir dort überhaupt ausrichten könnten. Ich kann Ihnen allerdings versichern, dass sich das, was Sie mir erzählen, wirklich unlogisch anhört. Ich stimme Ihnen zu, dass gesunde alte Bäume nicht gefällt werden sollten. Allerdings kenne ich die Umstände vor Ort nicht und weiß auch nicht, was zu dieser Entscheidung geführt hat."

Wenn Ihre Worte ehrlich sind, dann wird die Spenderin das bemerken und vielleicht sogar wertschätzen – auch wenn Sie ihrer Bitte (Forderung) nicht nachgekommen sind. Nur weil Ihnen jemand ungeahnte Kräfte und Einflussmöglichkeiten zutraut, bedeutet es nicht, dass Sie vortäuschen müssen, diese zu haben. Mehr noch: „Der Glaube, wir müssten Situationen ‚in Ordnung' bringen und dafür sorgen, dass es anderen wieder besser geht, hindert uns daran, präsent zu sein." (Rosenberg 2016, S. 97).

Empathie ist eine Frage der Haltung. Es ist „ein respektvolles Verstehen der Erfahrungen anderer Menschen. Empathisch können Sie nur dann sein, wenn Sie alle Urteile und vorhandenen Meinungen über Ihr Gegenüber ablegen", so Beate Brüggemeier (Brüggemeier 2017, S. 87). Wenn also Menschen ab dem 2. Januar bei Ihnen anrufen und nach ihrer Zuwendungsbescheinigung für das Vorjahr fragen und Sie schon jetzt wissen, dass Sie diese erst Ende Januar verschicken können, dann überlegen Sie sich eine Strategie für Ihre Kommunikation. Seien Sie ehrlich zu Ihren Spenderinnen. Erklären Sie die Lage: „Wir können im Moment keine ausdrucken, da der Brief mit dem wir die Bescheinigung verschicken, gerade erstellt wird."

Es wird Ihnen schwer fallen empathisch zu sein, wenn Ihnen im Kopf herumgeht: „Nein, nicht schon wieder. Immer am Anfang des Jahres das gleiche. Wann lernen die das endlich? Kann doch nicht so schwer sein! Was wollen die jetzt schon mit der Bescheinigung? Nageln die sich das Ding an die Wand? Niemand macht seine Steuererklärung schon jetzt! Niemand!!" Da können Sie noch so oft den Satz „Ich kann Sie verstehen!" wiederholen, Sie sind nicht beim Gegenüber, denn Sie sind damit beschäftigt Ihre professionelle Haltung zu bewahren und die Anruferin nicht anzubrüllen. In einer solchen Situation brauchen Sie vermutlich selber erst einmal eine große Portion (Selbst-)Empathie.

Sie können versuchen, Empathie von den Anruferinnen zu erhalten, dafür dass Sie schon eine Reihe dieser Gespräche geführt haben und leider niemandem weiterhelfen konnten. (Allerdings ist das was für Fortgeschrittene).

Ein Gespräch könnte etwa so aussehen

Anruferin: Guten Morgen. Ich hätte gerne meine Spendenbescheinigung für das vergangene Jahr.

Fundraiserin: Guten Morgen und schönes Neues Jahr. Habe ich Sie richtig verstanden, dass Sie Ihre Bescheinigung für das vergangene Jahr zugeschickt haben möchten?

Anruferin: Ja, genau.

Fundraiserin: Ohje, Sie sind heute schon die 12. Anruferin mit diesem Wunsch und es ist erst 11.30 Uhr.

Anruferin: Was meinen Sie?

Fundraiserin: Wissen Sie, wir können im Moment keine Bescheinigungen ausdrucken, da die Verschickung dieser Briefe gerade vorbereitet wird. Die Briefe gehen Ende Januar raus.

Anruferin: Das ist für mich zu spät. Ich brauche die Bescheinigung jetzt.

Fundraiserin: Ich bedaure das wirklich sehr. Sehr gerne würde ich Ihnen Ihre Bescheinigung zuschicken. Glauben Sie mir bitte, es würde mein Leben einfacher machen. Stattdessen sitze ich nun am Telefon und führe Gespräche so wie dieses jetzt. Ich fühle mich miserabel.

Die Fundraiserin hat nun ausgedrückt, wie es ihr geht. Sie ist traurig und verzweifelt, da sie sich Harmonie und Ordnung wünscht. Selten habe ich erlebt, dass Menschen einen solchen Versuch, Verbindung herzustellen, nicht annehmen. Im Arbeitskontext ist es eher ungewöhnlich zu sagen, dass man traurig ist und auch nicht mehr weiterweiß. Nutzen Sie den Überraschungsmoment für sich und finden Sie heraus, wie die Menschen reagieren, und trösten Sie sich mit Annette von Droste-Hülshoff: „Wo man am meisten fühlt, weiß man am wenigsten zu sagen."

Was Sie in diesem Kapitel gelernt haben:

„Egal was jemand sagt, wir hören nur darauf, was er 1) beobachtet, 2) fühlt, 3) braucht, 4) erbittet", so Rosenberg (Rosenberg 2016, S. 97). Also üben Sie bei jedem Gespräch darauf zu hören, was genau die Gefühle und Bedürfnisse Ihrer Gesprächspartnerinnen sein könnten. Gefühle sind dazu da, Ihnen den Weg zu weisen und Sie im Ernstfall vor Gefahren zu warnen. Wenn Sie auf Gefühle und Bedürfnisse hören, wissen Sie schon alles über sich und andere, was Sie für eine gelungene Kommunikation wissen müssen. Suchen Sie sich Hilfe und benutzen Sie Listen mit Gefühlen und Bedürfnissen. Das unterstützt Sie und lenkt den Blick auf bisher unentdeckte Aspekte.

Konkrete Vereinbarungen treffen – Warum genau brauchen Sie was?

Einer der vier Schritte in der Gewaltfreien Kommunikation ist die Bitte. Sie kommt in diesem Modell ganz zum Schluss, wenn Beobachtung, Gefühl und Bedürfnis klar ausgedrückt sind. Falls es sich für Sie besser anfühlt, mit der Bitte zu beginnen, dann können Sie das gerne so machen. Die Reihenfolge ist nur ein Vorschlag und vor allem als Unterstützung gedacht. Eine Richtschnur, an der Sie sich orientieren können. Wichtig ist nur, dass Sie sich über Beobachtung, Gefühl und Bedürfnis im Klaren sind. Manchmal ist eine Bitte auch nicht mehr nötig, da sich im Gespräch das, was gebraucht wurde, geklärt hat. Trotzdem ist es hilfreich, sich zu vergewissern, ob es der Gesprächspartnerin so geht wie Ihnen.

Wenn Sie eine Bitte äußern, dann formulieren Sie diese positiv. Also statt: „Vergessen Sie nicht, die Überweisungsträger an Ihre Gäste zu verteilen. Ich schicke Ihnen diese zu – ich hoffe, Sie übersehen sie nicht", eher: „Bitte verteilen Sie die Überweisungsträger an Ihre Gäste. Ich schicke Ihnen diese heute zu – sie kommen in einem DIN A4-Umschlag." Sagen Sie klar und deutlich, was sie brauchen, dann haben Sie eine große Chance, es auch zu erhalten. Es ist wie an Weihnachten: Wenn Sie ganz konkrete Wünsche haben – äußern Sie diese einfach!

Auch wenn Sie zu sich selbst sprechen, nehmen Sie sich besser konkrete Dinge vor, sonst wissen Sie beim nächsten Mal nicht, was Sie tun sollen. „Nie wieder höre ich mir die intimen, persönlichen Probleme der Spenderinnen an. Nie wieder." Es ist gut, dass Sie bemerken, wenn bestimmte Situationen Sie überfordern. Leider wissen Sie bei der nächsten Anruferin nur, was Sie nie wieder wollen. Wie genau das klappen kann, das wissen Sie nicht. Wenn Sie sich einen konkreten Plan gemacht hätten, hätte Ihnen das vielleicht weitergeholfen. „Beim nächsten Gespräch, das mir zu viel wird, schaue ich auf die Uhr und frage dann spätestens nach einer Minute, ob es etwas Konkretes gibt, was ich für die Spenderin machen kann. Wenn ich mutig genug bin, dann sage ich, dass mich die

© Springer Fachmedien Wiesbaden GmbH, ein Teil von Springer Nature 2020
S. Neumann, *Wertschätzende Kommunikation mit Spenderinnen und Spendern,*
essentials, https://doi.org/10.1007/978-3-658-29536-3_5

Geschichte wirklich traurig macht, ich aber überfordert damit bin, hier Hilfe zu leisten."

Spenderinnen melden sich bei „ihrer" Organisation aus unterschiedlichen Gründen. Hören Sie genau zu, was das für Gründe sind, und vor allem verabreden Sie ganz konkret die nächsten Schritte. Wiederholen Sie, was sie verstanden haben und stimmen Sie die nächsten Schritte genau mit der Spenderin ab: „Habe ich Sie richtig verstanden, Sie möchten, die Zuwendungsbescheinigung gleich ausgestellt haben?" Oder: „Lassen Sie mich wiederholen, was ich verstanden habe: Sie möchten nur noch viermal im Jahr Post von uns bekommen. Kann ich Ihnen kurz erklären, was das bedeutet?" Wenn Sie sehr unsicher sind, ob es Ihnen gelungen ist, sich klar auszudrücken, dann geht auch folgende Bitte: „Gerne würde ich noch einmal sichergehen, dass wir uns richtig verstanden haben. Daher meine Bitte: Könnten Sie mir sagen, was Sie von dem, was ich gesagt habe ver-standen haben? Das würde mich sehr beruhigen. Danke!"

Wenn Sie eine konkrete Vereinbarung treffen, dann erklären Sie, warum das für Sie wichtig ist, zum Beispiel, wenn Sie eine Spenderin bitten, zu wiederholen, was sie verstanden hat: „Mir ist wichtig, dass wir beide das Gleiche meinen, denn ich möchte wirklich, dass Sie uns vertrauen und wissen, wie dankbar wir für Ihre Unterstützung sind." Gerade wenn es um Geld geht, Ausgaben der Organi-sation für bestimmte Dinge (Verwaltung zum Beispiel) oder Abbuchungen vom Konto, müssen Sie, oft schon aus rechtlichen Gründen, sehr präzise sein mit dem, was Sie sagen und tun. Die Glaubwürdigkeit ist das höchste Gut einer spenden-sammelnden Organisation. Wenn sie beschädigt ist, dann hat das empfindliche finanzielle Folgen.

In meinen Seminaren mache ich oft eine Übung zum Thema Bitte, die ich bei Beate Brüggemeier (Brüggemeier 2017, S. 54) kennen und schätzen gelernt habe. Sie verdeutlicht, was passiert, wenn man nicht genau sagt, was man will. Sie können das mit Ihren Teamkolleginnen üben oder in jeder andern Gruppe. Es trägt zum gegenseitigen Verständnis bei: Teilen Sie Stifte und Papier aus und bitten Sie die Anwesenden eine Kanne zu malen. Dazu haben Sie fünf Minuten Zeit. Die Menschen sollen sich möglichst so hinsetzen, dass Sie nicht sehen kön-nen, was die anderen malen. Oft fragt jemand „Was für eine Kanne?" Ich ant-worte stets: „Eine Kanne bitte." Das Ergebnis kann sich jedes Mal sehen lassen. Zumeist kommt eine große Vielfalt an Kannen zu Stande: Große, kleine, dicke, dünne. Vom Milchkännchen über die Kaffeekanne bis zur Gießkanne ist meist alles vertreten. Ich hänge alle Bilder an die Wand und sage, dass ich Vielfalt sehr zu schätzen weiß, dass ich aber gewiss sehr traurig wäre, wenn ich lauter baro-cke Gießkannen erwartet hätte. Sagen Sie also präzise, was Ihre Bitte ist. Natür-lich kommen die Menschen dem nicht immer nach. Wenn Sie sich sehr darüber ärgern, dass jemand einfach etwas anderes macht als das, worum Sie gebeten haben, dann können Sie sich sicher sein, dass Sie gar keine Bitte hatten, sondern eine Forderung gestellt haben.

Bevor Sie also eine Bitte äußern, werden Sie sich darüber im Klaren, ob es tatsächlich eine Bitte oder doch eher eine Forderung ist. Würden Sie auch zurechtkommen, wenn Ihr Gegenüber andere Vorstellungen hat als Sie? Bei einer Bitte haben Sie mindestens eine 50 %-Chance auf ein Nein. (Da Fundraiserinnen gelernt haben, dass bei manchen Maßnahmen auf 100 Fragen nur ein Ja kommt, sollte man meinen, sie kämen mit einem Nein zurecht. Falls das bei Ihnen nicht so ist, beruhigen Sie sich: Sie sind in bester Gesellschaft). Bei einer Bitte geht es darum, Ihre Gefühle und Bedürfnisse zu benennen, damit die andere Person weiß, worum es geht und wozu sie beitragen kann. Ihr Gegenüber entscheidet dann, ob es darauf eingehen möchte und so zu Ihrem Wohlergehen beitragen will oder nicht.

Fragen Sie also die Spenderin nach ihrem Namen, ihrer Adresse und Kontonummer, damit sie sicher sind können, dass auch alles korrekt verbucht wird, dann formulieren Sie das zum Beispiel so: „Ich bin unsicher, ob ich in der Datenbank die richtige Person aufgerufen habe. Könnten wir bitte zusammen nochmals alle Daten abgleichen, damit alles seine Richtigkeit hat? Danke!" Wenn die Spenderin Nein sagt, dann erfüllt sie sich damit ein anderes wichtiges Bedürfnis. Vielleicht ist auch ihr Sicherheit wichtig. Daher nennt sie ihre Kontonummer nicht am Telefon. Mit allem was Menschen machen oder sagen, erfüllen sie sich ein Bedürfnis. Das gilt auch für in sich unlogisch erscheinende Gespräche: Eine Spenderin rief an und forderte, sie gänzlich aus der Datenbank zu streichen. Sie wollte nie wieder Post von der Organisation zu bekommen. Daraufhin bat die Kollegin sie, ihr ihren Namen und ihre Adresse zu nennen. Das verweigerte die Spenderin. Sie sagte, sie habe kein Vertrauen zu der Organisation und werde also weder Adresse noch Namen nennen.

Wenn Sie eine Forderung haben, dann formulieren Sie das auch so. Erklären Sie, wofür Sie beispielsweise den Namen und die Adresse brauchen, um eine Person in der Datenbank zu finden. Erklären Sie auch, dass man zwar einen Datensatz löschen kann, aber dass das keine Garantie dafür ist, dass die Spenderin nie wieder etwas von der Organisation hört. Bei der Kaltakquise beispielsweise kann sie dann nicht mehr abgeglichen werden. Für eine Forderung brauchen Sie eine andere innere Haltung als für eine Bitte. Eine Forderung ist nicht verhandelbar. Trotzdem ist es kein Garant, dass Sie von ihrer Gesprächspartnerin ein Ja erhalten. Menschen sind zum Glück frei in ihren Entscheidungen. Kompliziert wird es, wenn Sie eine Bitte haben und Ihr Gegenüber hört eine Forderung, dann kann es sein, dass die Bereitschaft, auf Ihre Bitte einzugehen, deutlich sinkt.

Menschen tragen gerne zum Wohlergehen anderer bei – freiwillig. Gezwungen werden möchten die wenigsten.

Formulieren Sie also Ihre Bitte so konkret wie möglich, nennen Sie Gefühle und Bedürfnisse und vor allem formulieren Sie positiv. Sagen Sie also, was Sie brauchen, nicht, was sie nicht brauchen oder wünschen. Die beste Gruppenübung, die ich dafür kenne ist von Irmtraud Kauschat und Birgit Schulz (Kauschat und Schulz 2014, S. 88) „So nicht". Eine Teilnehmerin versucht, mithilfe der Gruppe sich in einer bestimmten, vorher in Abwesenheit der Teilnehmerin abgesprochenen Pose auf den Stuhl zu setzen. Die Gruppe sagt der Teilnehmerin, wie sie sich nicht hinsetzen soll. Ich habe diese Übung viele Male durchgeführt und am Ende waren sich wirklich alle klar, wie hilfreich es ist, einfach zu sagen, wie genau es sein soll – nicht, wie es nicht sein soll.

Was Sie in diesem Kapitel gelernt haben

Was ist eine Bitte und wie formuliere ich sie? Wann habe ich eine Forderung und woran merke ich das? Bevor Sie Menschen um etwas bitten, seien Sie sich darüber im Klaren, ob es eine Bitte oder eine Forderung ist. Formulieren Sie Ihre Bitten so, dass Ihre Gesprächspartnerin versteht, was Ihre Gefühle und Bedürfnisse sind. Menschen tragen gerne zum Wohlergehen anderer bei. Wenn sie wissen, warum etwas gewünscht ist, dann hilft es Ihnen, das zu bekommen was sie brauchen. (Manchmal allerdings ist es auch gut, nicht das zu bekommen, was man sich gewünscht hat – vielleicht bekommt man dann etwas viel Besseres, von dem man nicht gewagt hat zu träumen). Formulieren Sie so konkret und so positiv wie möglich – auch im Zwiegespräch mit sich selber.

Selbstfürsorge in Gesprächen 6

Fundraiserinnen, vor allem die mit persönlichem Kontakt zu den Spenderinnen, tragen eine besondere Verantwortung für die Organisation. Sie sind das Gesicht und die Stimme nach außen. Geht in diesem Kontakt etwas schief, hinterlässt das oft einen bleibenden Eindruck. Deshalb ist es wichtig, in den Gesprächen, die Sie mit Spenderinnen führen, darauf zu achten, dass Sie wirklich in der Lage sind, sich jemandem zu widmen.

Wertschätzende Kommunikation fängt, wie schon in den vorangegangenen Kapiteln beschrieben, mit Selbstempathie an. Nur wenn ich selber genügend Empathie erhalten habe, kann ich auch mit anderen empathisch sein. Diese kann ich von mir selber erhalten, oder ich bitte jemanden, mir einen Moment zuzuhören. Selbst wenn diese Person noch nie etwas von wertschätzender Kommunikation gehört hat, kann sie Ihnen eine Unterstützung sein. Sagen Sie einfach, was Sie brauchen: „Könntest Du mir kurz zuhören? Du brauchst nichts zu sagen. Einfach nur zuhören. Danke!" Manchmal ist das einfacher, als sich selber nach Beobachtung, Gefühl, Bedürfnis und Bitte zu fragen.

Wenn Sie aber alleine sind, dann versuchen Sie es mit Selbstempathie. Ruft also eine Spenderin bei Ihnen an und Sie denken: „Noch ein Wort von der und ich blute aus den Ohren!", um sich gleich darauf selbst zu beschimpfen mit „Wie kannst Du nur sowas denken. Ich werde hier bezahlt. Es geht um das große Ganze. Sie ist eine Spenderin. Ich muss freundlich und zugewandt sein", dann ist es Zeit für eine innere Verschnaufpause. Schauen Sie also auf die Gefühls- und Bedürfniszettel, die Sie vielleicht griffbereit auf Ihrem Schreibtisch haben, und werfen Sie einen Blick darauf. Vielleicht sind Sie wütend, weil Sie sich von dem Tag mehr Sinn erhofft hatten, vielleicht ekeln Sie sich, weil Sie sich Respekt und Wertschätzung wünschen. Wenn Sie wissen, was Ihre Gefühle und Bedürfnisse sind, dann können Sie entsprechend handeln.

© Springer Fachmedien Wiesbaden GmbH, ein Teil von Springer Nature 2020   35
S. Neumann, *Wertschätzende Kommunikation mit Spenderinnen und Spendern*,
essentials, https://doi.org/10.1007/978-3-658-29536-3_6

Bedenken Sie dabei immer, dass das, was andere sagen oder tun, nur ein Auslöser ist für unsere Gefühle. „Ein zentraler Aspekt der Gewaltfreien Kommunikation ist das Bewusstsein, dass andere Menschen nicht für unsere Gefühle verantwortlich sind", so Marshall Rosenberg im Gespräch mit Gabriele Seils (Seils 2012, S. 13). Dieser Gedanke hilft Ihnen dabei, die Verantwortung für Ihre eigenen Gefühle zu übernehmen. Sie können sich entscheiden, wie Sie reagieren. Wollen Sie also, wie vielleicht schon oft geübt, der Spenderin still zuhören und sich miserabel fühlen, bis diese zu Ende gesprochen hat, oder wollen Sie etwas anderes ausprobieren und dafür sorgen, dass es Ihnen selbst besser geht?

Nehmen wir zum Beispiel an, ein Spender ruft bei Ihnen an und teilt Ihnen mit, dass er umgezogen ist. Dabei macht er den Vorschlag, dass Sie doch auf der Webseite der Organisation einen Bereich für Spenderinnen einrichten könnten, damit diese in Zukunft ihre Adresse selber ändern können. Der Mann ist IT'ler und macht ausführliche technische Vorschläge, die Sie gar nicht verstehen. Das einzige, was Sie wissen, ist, dass die Vorschläge zumindest im Moment nicht umsetzbar sind. Ihre Datenbank würde so etwas gar nicht zulassen. Sie entspricht noch nicht einmal dem Standard einer modernen Fundraisingdatenbank. Doch wie schaffen Sie es, den Mann in seiner Begeisterung für Digitalisierung und die Organisation wertzuschätzen, zugleich das Gespräch möglichst schnell zu beenden, ohne dabei Ihren Arbeitgeber als unmodern oder technikfeindlich zu denunzieren?

Schauen wir uns also ein solches Gespräch an

Spender:	Meine Adresse hat sich geändert. Das wollte ich Ihnen sagen.
Fundraiserin:	Danke, dass Sie sich melden. Könnten Sie mir bitte die alte und die neue Adresse sagen?
Spender:	Wieso die alte Adresse?
Fundraiserin:	Damit ich Sie in unserer Datenbank finden kann.
Spender:	Kann ich das nicht selber machen?
Fundraiserin:	Wie, selber machen?
Spender:	Sie könnten doch den Spendern einen Zugang zu seinen persönlichen Daten geben. Dann kann jeder seine Daten selber ändern.
Fundraiserin:	Wie kann das gehen?

Spender:	Mit einem Passwort. So wie sie es von der Bahn doch auch kennen.
Fundraiserin:	Das kann unsere Datenbank nicht.
Spender:	*Erklärt nun die technischen Möglichkeiten von Datenbanken.*
Fundraiserin denkt währenddessen:	Oh, Gott. Ich verstehe kein Wort. Wie werde ich den wieder los? Was habe ich in der letzten Weiterbildung gelernt? Ich fasse es nicht. Das neue Wort dafür ist: Mansplaining. Er nervt!

Wie kann also nun die Selbstempathie aussehen? Vielleicht so

Meine Beobachtung:	Ein männlicher Spender beschreibt mir die technischen Möglichkeiten von Datenbanken. Ich sage nichts.
Mein Gefühl:	Ich bin sauer, genervt und verstört.
Mein Bedürfnis:	Ich brauche Vertrauen, Respekt und Harmonie.
Bitte an mich selber:	Interveniere hier. Bitte mache das so, dass Du am Ende stolz auf Dich bist, als emphatische Konfliktlöserin und heroische Fundraiserin. Harmonie und Respekt ist mir wirklich wichtig – sowohl für mich als auch für den Spender. Überlege bitte kurz, was in dem Mann vorgehen könnte

Die Fundraiserin sagt nun: Entschuldigen Sie bitte, ich unterbreche Sie jetzt. Danke, dass Sie mir das alles erklären. Ich weiß es zu schätzen, denn ich nehme an, dass Sie wirklich daran interessiert sind, hier zur Verbesserung beizutragen. Kann ich Ihnen kurz schildern, wie wir arbeiten und was ich meine, was unsere Datenbank kann?

Wenn Sie sich darüber im Klaren sind, was sich in Ihrem Inneren abspielt, dann können Sie besser nach Außen kommunizieren. Beate Brüggemeier nennt dies einen „Prozess der Selbstklärung" (Brüggemeier 2017, S. 83). Sie haben darüber hinaus auch wieder die Kontrolle über Ihr Handeln erlangt und müssen nicht so reagieren, wie es Ihr erster Impuls gewesen wäre. Vielleicht wären Sie in dem Beispiel oben wütend geworden und hätten den Spender beschimpft oder zurechtgewiesen. Es ist natürlich möglich, das zu tun. Aber es entspricht vermutlich nicht Ihrem Anspruch an sich selber als professionelle Fundraiserin.

Seien Sie bitte bei diesem Prozess nicht allzu streng mit sich. Denn es ist sehr anstrengend, bei der Beobachtung zu bleiben. Eine Spenderin, der ich versprochen hatte, noch im alten Jahr einen Projektbericht zuzuschicken, rief Anfang Januar bei mir an und fragte erneut nach dem Bericht. Als ich sie wieder vertrösten musste, sagte sie: „Wenn ich den Projektbericht bis Ende Januar nicht habe, dann will ich nichts mehr mit Ihnen zu tun haben. Ich verlange meine Spenden zurück und außerdem informiere ich die Presse, dass Sie nicht nachweisen können, was Sie mit den Spenden machen, die bei Ihnen eingehen. Was sind Sie bloß für ein Saftladen." Ich war ebenso verängstigt wie wütend und es wäre ein leichtes gewesen, sie anzublaffen. Was waren also die reinen Fakten? Zum Beispiel: Eine Frau ruft an und bittet um Informationen zu den Projekten der Organisation. Ich kann nicht liefern. Meine Bewertung: Die Frau droht mir. Bewertung ist wichtig. Es hilft uns, Gefahren wahrzunehmen. Allerdings, so Tupoka Ogette (Ogette 2017, S. 81), „führt uns unser Gehirn damit auch regelmäßig in die Irre." Aus diesem Grund ist es hilfreich, die Beobachtung von der Bewertung zu trennen. Ich brauche in diesem Fall also nicht mit Angriff zu reagieren, denn ich bin nicht in akuter Gefahr.

Ich habe damit gute Erfahrungen gemacht, in einer solchen Situation so offen wie möglich zu sein. Die Wahrheit hilft oft weiter. Sie könnten nun der Spenderin sagen, wie es ist:

> „Ich kann Ihnen keinen Projektbericht schicken, da ich keinen habe. Das bedaure ich wirklich sehr. Was können wir nun tun? Gerne veranlasse ich, dass wir Ihnen Ihre Spenden zurückverweisen. Ist es das, was Sie sich wünschen? Gerne erkundige ich mich aber auch nochmals bei dem Projekt, wie der Stand der Dinge ist und was genau zu den Verzögerungen geführt hat. Es gibt gewiss einen guten Grund und dies zu verstehen würde uns vielleicht weiterhelfen – was meinen Sie?"

Wenn es Ihnen möglich ist, dann versuchen Sie, in Verbindung mit der Spenderin zu bleiben. Denn ihr Anruf und ihre Empörung zeigen, dass sie eine emotional enge Beziehung zur Organisation hat. Ihre Chancen hier zu einer friedlichen Lösung zu kommen stehen also gut.

Zwei Erfahrungen sind für mich in diesem Zusammenhang sehr erhellend, denn sie zeigen mir die Grenzen der Gewaltfreien Kommunikation. Eine Kollegin, die wusste, dass ich mich mit Kommunikation beschäftige, saß einmal vor mir und schrie fast (also mehr Dezibel als für Zimmerlautstärke notwendig war): „Und Du willst was von Gewaltfreier Kommunikation verstehen! Sag mir gefälligst Deine Gefühle und Bedürfnisse!" Ich war überrascht und zugleich auch dankbar für diese Äußerung, da mir klar wurde, dass ich keinerlei Kontakt zu der Frau haben wollte. Trotz dieser Klarheit hat mich die Situation doch sprachlos zurückgelassen. Ebenso ging es mir, als ich ein GFK-Training besuchte. Mit zunehmender Sorge schaute ich dabei zu, wie Menschen sich den Trainerinnen mit persönlichen und existenziellen Problemen anvertrauten. Keine der Trainerinnen kam aus einem heilenden Beruf. Sie unterrichteten Kommunikation und hatten vielfältige Ausbildungen. Aus meiner Sicht wäre es hilfreich gewesen, wenn eine Krankenschwester, Ärztin, Therapeutin, Pfarrerin oder Sanitäterin dabei gewesen wäre. Ich persönlich hätte mir in beiden Situationen gewünscht, mich besser um mich selbst zu kümmern und einfach zu gehen.

Daher also meine ausdrückliche Warnung: Wertschätzende Kommunikation, so wie ich sie verstehe, ist weder Therapie noch Therapieersatz. Und wenn Sie merken, dass Ihnen eine Situation zu unangenehm oder persönlich wird, wenn Menschen offensichtlich professionelle Hilfe brauchen, die Sie nicht leisten können, dann vermitteln Sie Hilfe und ziehen Sie sich aus der Situation zurück. Nur weil Sie sich über Ihre Gefühle und Bedürfnisse im Klaren sind, bedeutet dies nicht, dass Sie diese der Welt mitteilen müssen. Schützen Sie sich und wählen Sie sorgsam, wem Sie vertrauen – auch wenn Sie wissen, dass Menschen sich mit allem was sie tun oder sagen, ein Bedürfnis erfüllen.

Was Sie in diesem Kapitel gelernt haben

Trennen Sie Beobachtung und Bewertung, dann können Sie sich bewusster entscheiden, wie Sie in einer Situation reagieren wollen. Behalten Sie aber dennoch im Kopf, dass die Bewertung dazu da ist, Sie zu schützen. Geschützt sind Sie auch, wenn Sie Ihren eigenen Gefühlen und Bedürfnissen empathisch begegnen. Oft hilft es, in Gesprächen einfach zu sagen, was ist, denn Menschen sind bereit, zum Wohlergehen anderer beizutragen – den allermeisten bereitet es sogar sehr große Freude. Bleiben Sie dabei jedoch stets in Ihrer professionellen Rolle als Fundraiserin.

Was Sie aus diesem *essential* mitnehmen können

- Verbindung zu Spenderinnen und Spendern herstellen
- Zuhören ist nicht gleich Zustimmen
- Gefühle und Bedürfnisse hören und benennen
- Gewinnung und Bindung von Spenderinnen und Spendern
- Friedliche Konfliktlösung im Beschwerdemanagement
- Telefon-Fundraising
- Selbstfürsorge in Gesprächen

© Springer Fachmedien Wiesbaden GmbH, ein Teil von Springer Nature 2020   41
S. Neumann, *Wertschätzende Kommunikation mit Spenderinnen und Spendern*,
essentials, https://doi.org/10.1007/978-3-658-29536-3

Literatur

Anton J (2019) Immer weniger Deutsche spenden. Frankfurter Allgemeine. https://www. faz.net/aktuell/gesellschaft/menschen/studie-zeigt-weniger-menschen-in-deutschland-spenden-mehr-16515424.html. Zugegriffen: 20. Jan. 2020

bmfsj (2018) Der Deutsche Freiwilligensurvey. https://www.bmfsfj.de/bmfsfj/themen/ engagement-und-gesellschaft/engagement-staerken/freiwilligensurveys/der-deutsche-freiwilligensurvey-/100090. Zugegriffen: 20. Jan. 2020

Brüggemeier B (2017) Wertschätzende Kommunikation im Business. Wer sich öffnet kommt weiter. Junfermann, Paderborn

Deutscher Spendenrat (2019) Studie Bilanz des Helfens. https://www.spendenrat.de/ spendeninfos/bilanz-des-helfens/studie-bilanz-des-helfens-3/2019-2/. Zugegriffen: 20. Jan. 2020

Deutsches Institut für Wirtschaftsforschung (2020) Das Spendenvolumen in Deutschland betrug im Jahr 2017 rund zehn Milliarden Euro und ist seit 2009 deutlich gestiegen. https://www.diw.de/de/diw_01.c.739011.de/publikationen/wochenberichte/2020_08_1/ das_spendenvolumen_in_deutschland_betrug_im_jahr_2017_rund_zehn_milliarden_ euro_und_ist_seit_2009_deutlich_gestiegen.html. Zugegriffen: 21. Febr. 2020

Farah N (1993) Gifts. Penguin, New York

Fetscher C (2019) Toxisches Arbeitsklima. Was Amnesty International vorgeworfen wird. Der Tagesspiegel. https://www.tagesspiegel.de/politik/toxisches-arbeitsklima-was-amnesty-international-vorgeworfen-wird/24041110.html. Zugegriffen: 20. Jan. 2020

Fischer K (2015) Warum Menschen spenden. Ein Beitrag zur Gabe-theoretischen Fundierung des Fundraisings. Mission Based, Hamburg

Forschungsgruppe Weltanschauungen in Deutschland (2019) Parteimitglieder 1946–2018. https://fowid.de/meldung/parteimitglieder-1946-2018. Zugegriffen: 20. Jan. 2020

Franck N (2017) Erfolgreich mit Spenderinnen und Spender korrespondieren. Mit gelungenen Texten gewinnen und binden. Springer, Wiesbaden

Fundraising Akademie (2016) Fundraising. Handbuch für Grundlagen, Strategien und Methoden. Springer, Wiesbaden

Gerber U, Kann K (2019) Wer spendet wie viel? Untersuchungen zur Spendenbereitschaft und zur Spendenhöhe mit dem Taxpayer-Panel. https://www.destatis.de/DE/Methoden/ WISTA-Wirtschaft-und-Statistik/2019/06/spendenbereitschaft-062019.pdf?__blob=publicationFile. Zugegriffen: 21. Febr. 2020

© Springer Fachmedien Wiesbaden GmbH, ein Teil von Springer Nature 2020
S. Neumann, *Wertschätzende Kommunikation mit Spenderinnen und Spendern,*
essentials, https://doi.org/10.1007/978-3-658-29536-3

Gutmann D, Peters F, Faix T, Riegel U (2019) Kirche – ja bitte! Innovative Modelle und strategische Perspektiven von gelungener Mitgliederorientierung. Neukirchener, Neukirchen-Vluyn

Haen NV, Hardieß T (2016) 30 Minuten Gewaltfreie Kommunikation. Gabel, Offenbach

Haibach M (2019) Handbuch Fundraising. Spenden, Sponsoring, Stiftungen in der Praxis. Campus, Frankfurt a. M

Holtz T (2020) Diakonie rechtfertigt Entscheidung gegen AfD-Geld. Nordkurier. https://www.nordkurier.de/demmin/diakonie-rechtfertigt-entscheidung-gegen-afd-geld-0537977001.html. Zugegriffen: 20. Jan. 2020

Kaschel H (2019) Missstände bei NGO's – Ein Widerspruch? Deutsche Welle. https://www.dw.com/de/missstände-bei-ngos-ein-widerspruch/a-48983205. Zugegriffen: 20. Jan. 2020

Kauschat I, Schulze B (2014) Das große Praxisbuch zum wertschätzenden Miteinander. BoD, Norderstedt

Kirchenaustritt (2019) Statistik. https://www.kirchenaustritt.de/statistik. Zugegriffen: 20. Jan. 2020

Lindemann G, Heim V (2016) Erfolgsfaktor Menschlichkeit. Wertschätzend führen – wirksam kommunizieren. Junfermann, Paderborn

Neumann S (2018) Helfen, Gestalten, Bestätigung. Motive des Gebens – Spenden als identitätsstiftendes Moment. Fundraiser Magazin 5:68–69

Ogette T (2017) exit RACISM rassismuskritisch denken lernen. Unrast, Münster

Rosenberg MB (2015) Lebendige Spiritualität. Gedanken über die spirituellen Grundlagen der GFK. Junfermann, Paderborn

Rosenberg MB (2016) Gewaltfreie Kommunikation. Eine Sprache des Lebens. Junfermann, Paderborn

Seils G (2012) Marshall B. Rosenberg. Konflikte lösen durch Gewaltfreie Kommunikation. Herder, Freiburg

Urselmann M (2018) Fundraising. Mittelbeschaffung für gemeinwohlorientierte Organisationen. Springer, Wiesbaden

Urselmann M, Neumann S (2018) Fundraising für Kitas. In: Lohrentz U (Hrsg) Das große Handbuch Recht in der Kita. Carl Link, Köln

Filmographie

Docter P (2015) Alles steht Kopf

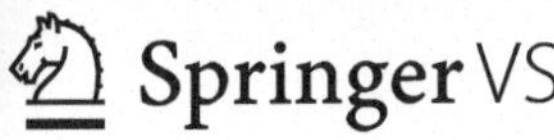

springer-vs.de

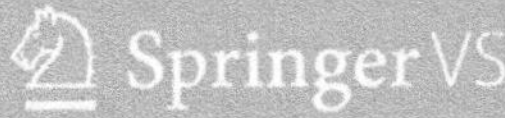